これからの病院経営を担う人材

医療経営士テキスト

第2版

医療サービスの多様化と実践

患者は何を求めているのか

中 級【専門講座】

島田直樹

9

日本医療企画

はじめに

　東京都心のある大学病院。診察開始は9時ジャスト。8時30分には初診外来受付はすでに長蛇の列。待つこと20分。ようやく脳神経外科の受付に移動。しかしそこには多数の診察待ちの患者。受付の職員に待ち時間を尋ねると、「1時間程度ですね」との返事。待ちくたびれたのだろうか、長椅子で老人が横になっている。そして待つこと1時間。自分の番号が掲示板に表示され、担当医師の診察室前に行くが、ここで再び待つ。10分ほどして前の患者と入れ替わりで診察室に入る。ようやく診察が始まる……。

　「1日に外来は6人くらいしか診ない」と医師が話す、アメリカ・ミネソタ州ロチェスターにあるメイヨー・クリニック。地下には大きな食堂があり、ショッピングモールのフードコートよりも健康的で綺麗かつ上品なカフェテリア。アラブの富豪が年に一度は自家用飛行機で家族全員でやって来て、健康診断を受けるような場所。病棟の窓からは隣接した空港に飛行機が見える……。

　医師の成り手がいない地方都市。競争が激しい都市部。赤字病院が圧倒的に多い病院業界。日本の病院・医療を取り巻く環境は厳しい。日本の医療、病院・クリニックは今後どうなっていくのだろうか――。

　一般業界・企業において変革を促すドライバーは「最終ユーザー（サービスの受益者）の声」であり、「グローバル競争」である。一部ではみられるものの、前述のように病院業界のグローバル競争は一般業界に比べるとまだまだである。他方、本来「患者、生活者」は医療制度、病院経営を変革する大きなドライバーである。医療サービスの多様化は「患者・生活者」のニーズの多様化と対であるべきものである。その患者が何を望んでいて、望んでいるものをどのように把握し、どのように満足度向上につなげていくのか、そのような検討と考察に向けた実用的な話を、本書で探っていきたい。

　筆者は医療業界のみならず、様々な業界で中堅企業から大手企業まで事業の成長を支援してきている経営コンサルタントである。本書では、病院・クリニックは適正な利潤をとって経営する組織であり、その経営母体の集合が「病院業界」である、という視点に立っている。一般業界・企業との類似性・異質性などを比較して検討を進めていくため、あえて、本書では「一般業界・企業」、「病院業界・病院」という書き方をしているのでご了承いただきたい。

島田　直樹

本書の構成

本書は大きく以下の3つのパートから構成されている。

まず、第1章「患者起点のマーケティング：現状を理解する」では顧客（患者）を知り理解することを目的としている。検討のスタートとして「顧客を知り理解すること」は最も大事なことであるが、同時にその実践は容易ではない。患者の実態を知り患者の心理を理解することは、医療サービスのあるべき姿を考えるスタートラインである。声に出せるニーズ・不満を知るだけではなく、患者が明確に言葉にできない心の奥底にあるウォンツ（欲求）まで理解する。これを継続的に実現できると、患者の期待値を超えるサービスの提供が可能になり、患者満足を超えた「患者の感動」を生み出すことができる。医療業界の概観や最近の動向を盛り込みつつ、提供する側からの視点ではなく、患者の視点から医療サービスについてみることの重要性を認識する章である。

第2章「患者起点のマーケティング：計画する」はマーケティングの概念や考え方を理解することを主眼としている。患者のニーズをどのようにとらえるのか、医療サービスという市場をどのように分析していくのか、患者視点のマーケティングを展開するにあたっての基本的な考え方、マーケティングプロセスを概観する。

第3章「患者起点のマーケティング：実行する」はマーケティングをいかにして実行・展開していくのかに関する章である。計画しても実行されなければ、価値は生まれない。計画を実行に移すためには、そのためのツールや武器をもたなければならないし、体制作りや仕組みの構築も行わなければならない。そこで第3章ではマーケティングの具体的な手法、実行管理のツール、実行のための組織作りの要諦などについて詳しく述べる。

「理解し（第1章）、計画し（第2章）、実行する（第3章）」ことに関して、それぞれの章で個別に記述している。ただし、最も重要なことは、理解・計画・実行のそれぞれが連動していなければならない、ということである。たとえば価値観を共有できる人材を採用し組織を作り上げたとしても、目先の利益を追い求めて、サービス向上の設備投資を控えてしまうという行動になってしまったのでは、組織を作り上げたことはまったく意味をなさない。計画の一貫性、整合性こそが成果を生み出すために最も大切なことなのだ。

本来、医療機関は利潤を求める機関ではないので、いかに稼ぐかが第一使命ではない。しかし雇用している労働者を養わなければいけないし、医療機関を必要とする患者のためにも簡単に潰れるわけにもいかない。医療機関の経営は特殊性が高い。まっとうに医療を提供しながら潰れずに、むしろ患者や地域のために発展できるように利益を出していく必要がある。

一方で、本書ではあえて企業向けのマーケティング思考を多く取り上げた。一般企業で

の考え方・解決法・手法などを紹介しているのは、医療経営士を目指す皆さんに多くの引き出しを作ってほしいと思っているからである。医療業界でも一般企業における顧客中心の考え方を参考にした独自のサービスが展開されることを願っている。

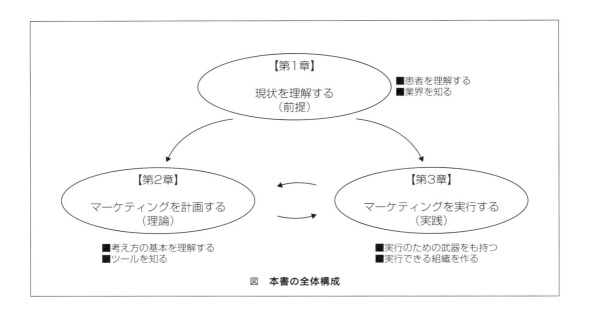

図　本書の全体構成

目　次
contents

はじめに …………………………………………………………………… ii

本書の構成 ………………………………………………………………… iii

第 1 章　患者起点のマーケティング：現状の理解

1 患者に医療の質はわかるのか ………………………………………… 2

2 良いものが必ずしも受けるとは限らない …………………………… 4

3 今、病院・クリニックに必要な考え方 ……………………………… 5

4 患者が本当に望んでいるもの ………………………………………… 7

5 提供者からの発想 対 顧客からの発想 ……………………………… 13

6 顧客からの発想：1つの事例 ………………………………………… 16

7 自らの業界を知る（1）業界の定義 ………………………………… 18

8 自らの業界を知る（2）顧客視点が必要となる業界構造 ………… 22

9 自らの業界を知る（3）業務の外部委託と顧客視点 ……………… 26

10 自らの業界を知る（4）情報ギャップの解消と顧客視点 ………… 28

第 2 章　患者起点のマーケティング：計画

1 マーケティングの全体像 ……………………………………………… 34

2 ニーズの把握と顧客感動 ……………………………………………… 36

3 セグメンテーション …………………………………………………… 40

4 ターゲット（標的市場）……………………………………………… 44

5 ポジショニング・差別化 ……………………………………………… 47

6 マーケティングの4Pと4C ……………………………………49

第 3 章 患者起点のマーケティング：実行

1 患者起点のマーケティング展開：方法論 ………………………56

2 顧客サービスの接点をマネジメントする ……………………58

3 口コミ・マーケティング ………………………………………60

4 データベース・マーケティング ………………………………62

5 エリア・マーケティングと商圏分析 …………………………64

6 マーケティングPDCA …………………………………………66

7 マーケティング感覚の磨き方 …………………………………69

8 組織の力を重視する ……………………………………………71

9 計画の実行管理：概論 …………………………………………73

10 計画の実行管理：実践 …………………………………………75

11 患者起点の価値観の組織浸透 …………………………………77

12 マーケティングの浸透に向けて ………………………………79

【コラム】①コンサルタントの使い方 ………………………………25
　　　　　②アンテナの高さとアナロジー思考 ……………………65
　　　　　③病院経営のPDCA事例：横須賀市立うわまち病院 ……68
　　　　　④職員発想 対 プロフェッショナル発想 ………………70

おわりに——顧客満足、顧客目線でのホスピタリティに関して …84

索引 …………………………………………………………………………86

第1章
患者起点のマーケティング：現状の理解

1 患者に医療の質はわかるのか
2 良いものが必ずしも受けるとは限らない
3 今、病院・クリニックに必要な考え方
4 患者が本当に望んでいるもの
5 提供者からの発想 対 顧客からの発想
6 顧客からの発想：1つの事例
7 自らの業界を知る（1）業界の定義
8 自らの業界を知る（2）顧客視点が必要となる業界構造
9 自らの業界を知る（3）業務の外部委託と顧客視点
10 自らの業界を知る（4）情報ギャップの解消と顧客視点

患者に医療の質はわかるのか

1　医療サービスの特性

　商品やサービスを購入する人は、価格や品質、ブランド、デザインなどを総合的に判断しながら購入するのが一般的である。サービスを提供する側と購入する側が同じ知識レベルであれば、購入者はその商品やサービスがどの程度のものなのか、価格に見合うものなのかを的確に判断できる。たとえばファミリーレストランでサービスを受ける際には、もちろん専門知識はそれほど必要とされないし、味がおいしいかどうかも自分で判断できるものである。

　しかし、サービス提供側と購入側の知識のギャップが大きくなればなるほど、つまりサービス提供側に比して購入する側の知識レベルが低くなればなるほど、購入する側は品質などを判断するのは難しくなる。要求される知識の専門性が高ければ高いほど知識レベルのギャップは大きくなる。医療サービスはこの典型である。医療技術に関して一般の人は専門知識をもち合わせていない。したがって、自分がかかっている医師がもつ技術や受けているサービスの質が高いのかどうかを判断するのは、容易なことではない。その点で、同じサービスでも、医療とファミリーレストランのサービスの間には根本的に違いがある。

　たとえば、カルー株式会社が運営する「Caloo（カルー：http://www.caloo.jp）」という病院の利用経験者の口コミを掲載する検索サイトがある。そのサイトでいくつかの病院の評価を調べると、医師が選ぶ病院の上位より下位の病院の方が顧客・利用者から評価が高いケースや、その逆で、顧客・利用者が選ぶ上位の病院が必ずしも医師から高い評価とは限らないケースもみられる（図1-1）。

2　医師と患者の視点の違い

　前述のデータから次のことが言える。まず、医師の評価と患者の評価がそもそも違っている。あるいは、評価要因は同じでも評価の水準が違っている、つまり医師と患者は選択する際の評価において視点が異なっているということである。第二に医師が選択する病院が本当に良い病院であるという前提が正しいのであれば、患者側は医療の質を見極めることはできず、逆に患者側が選ぶ病院が良いという前提に立つと、医師は患者が求めている

【脳梗塞】

医師の順位	病院名	患者の順位*	評価（5点満点）	口コミ数
1	国立循環器研究センター病院	1	4.17	18
2	札幌医科大学付属病院	5	3.96	31
3	北海道大学病院	4	4.00	40
4	鹿児島大学病院	8	3.63	17
5	日本大学医学部付属板橋病院	7	3.81	41
6	長崎大学病院	2	4.13	16
6	大西脳神経外科病院	9	3.60	7
6	京都府立医科大学付属病院	3	4.02	26
6	鹿児島医療センター	10	3.42	5
6	香川県立中央病院	6	3.88	23

【乳がん】

医師の順位	病院名	患者の順位*	評価（5点満点）	口コミ数
1	国立研究開発法人国立がん研究センター中央病院	7	3.93	13
2	公益財団法人 がん研究会 有明病院	4	4.11	33
3	大阪大学医学部附属病院	10	3.67	33
4	慶應義塾大学病院	9	3.68	56
5	東京大学医学部附属病院	5	4.03	67
5	京都大学付属病院	1	4.25	19
7	聖路加国際病院	2	4.19	77
7	愛知県がんセンター	3	4.13	13
7	京都府立医科大学	6	4.02	26
7	石川県立中央病院	8	3.92	23
7	東京医科大学病院	11	3.63	81

＊10病院の中での病院ランキング

調査方法：「Forbes JAPAN」が2019年7月に実施。医師専用会員制サイトを運営するメドピア株式会社（東京都）の協力を得て、全国の現役医師621人にアンケート。

図1-1　医師が選ぶ病院とその病院に対する患者の評価

サービスの質を的確に見極められていないということが言える。

　このように、医療は専門性が高い領域であるがゆえに、医療の質、医療の技術を患者側が見極めることは非常に難しく、また医師が患者のニーズを完全に把握することも難しい。したがって、たとえば技術的に素晴らしい医師がいたとしても、患者からは選ばれないということが十分に起こりうるのである。

② 良いものが必ずしも受けるとは限らない

1　消費者の視点

　医療業界内で病院・クリニックの評価を行うと、医師の腕、手術数、病床数などの評価軸で医療機関を評価する傾向にある。しかし、患者・顧客は多面的な軸で評価しているし、生活者・消費者は必ずしも良いものを見分けられない。我々の身のまわりにおいても、技術的に優れているものが必ずしも世の中で普及するとは限らない例がみられる。

　少し古い話になるが、たとえばパソコンの黎明期、アップルのマッキントッシュはグラフィカル・ユーザ・インターフェース（GUI）で、マイクロソフトのウィンドウズを圧倒したパソコンのオペレーティング・システム（OS）だった。現在もアップルはi-Macに代表される先端的でデザイン性の高いパソコンメーカーであるが、ウィンドウズはOSをオープンに提供し、どのパソコンメーカーも使えるようにすることで圧倒的なシェアを獲得することになり、1990年代後半にはアップルの息の根を止めるところまで追い込んでいる。現在もパソコンのOSのシェアでみるとマイクロソフトの独り勝ちである。

2　技術とサービス

　企業経営においては、顧客へのアプローチ戦略など、戦い方はいろいろとあり、消費者・生活者は必ずしも技術の良し悪しだけで選択をしない、ということである。技術では劣るものの事業では勝利する、その差を埋めるのが「マーケティング」という考え方である。つまり技術・非技術的要因のトータルでサービス提供のあり方を考える必要がある。特にサービス業の場合には、物理的にはみえないものを提供することが多い。たとえば「サービスを受けるときの感じが悪ければ、技術も含めすべてが悪いのではないか、一事が万事だ」と判断される可能性も否定できない。実業界で起きていることを参考に、医療機関における意味合いをよく考えてみる必要がある。

③ 今、病院・クリニックに必要な考え方

1 マーケティングとは

「顧客が望んでいるもの(こと)をきちんととらえ対応すること」を経営学の世界ではマーケティングという。アカウンティング＝会計、マネジメント＝経営管理、ヒューマンリソース＝人事と、海外から入ってきたビジネス用語が日本語に置き換えられる中、「マーケティング」という言葉だけは適切な日本語で置き換えられず、カタカナのまま語られている。そしてこのマーケティングこそ、病院・クリニックに最も不足している機能だと思われる。

マーケティング発祥の地であるアメリカの全米マーケティング協会はマーケティングという言葉を次のように定義している。

> マーケティング(マネジメント)とは、個人と組織の目的を満たすような交換を生み出すために、アイデアや財やサービスの考案から、価格設定、プロモーション、そして流通に至るまでを計画し、実行するプロセスである

一読ではわかりにくい言葉であるが、要は、マーケティングとは、①計画と実行のプロセスである、②財・サービス、価格、プロモーション、流通の4つが構成要素である、③個人(顧客・患者)と組織がお互いの価値を満たす"交換"である、という3つのことを言っている。特に、②はマーケティングの4P(Product、Price、Promotion、Place)と呼ばれている(後述)。

2 医療とマーケティング

近年、インターネットの普及などにより、情報へのアクセスのしやすさそのものは飛躍的に高まっている。これは医療情報についても同じである。インターネットが普及する以前と比較すると、現在の患者つまり医療サービスの消費者が医療に対する評価情報などを獲得するために負担する手間とコストは、飛躍的に小さくなっている。

医師＝医療サービスの供給者と、患者＝医療サービスの消費者間での知識レベルのギャップが小さくなることによって、「患者が医療機関を選ぶ」という状態が生まれつつあ

る。医療機関は「患者から選ばれる存在」になれるように患者に様々な情報を提供したり、戦略計画を策定し実行していかなければならなくなってきた。「選ばれる医療機関」になるためには患者本位の医療サービスを提供しなければならない。同業の医療機関が乱立する中で、「患者本位の医療サービスの提供＝マーケティング視点」は病院・クリニックの長期的な存続を左右する重要なテーマである。

④ 患者が本当に望んでいるもの

1 コア機能と付帯機能

　読者の皆さんは喫茶店に何を望んでいるだろうか。美味しいコーヒーを望んでいる人もいるだろうし、落ち着いた雰囲気を望んでいる人もいるかもしれない。ビジネスマンや学生であれば、机が広くて、書類が広げられることを望んでいる人もいるだろう。あるいは待ち合わせ場所に便利な立地を望んでいる人もいるだろう。同じ喫茶店といっても、人によって大事にしている価値観や求めている機能は異なる。もっと端的には、同じ人の中でもシーンや場合によって、大事にしたり、優先する価値観が異なることが起こりうる。つまり、提供しているサービスには、コア機能と付帯機能という考えがあり、その両方とも顧客・患者・生活者は求めているということである。

2 患者の心の叫び

　患者・顧客の心の叫びを聞いたことがどれだけあるだろうか。表１-１、図１-２、表１-２、図１-３は、株式会社ピー・アンド・イー・ディレクションズが2020（令和２）年３月に50代以上の生活者500人を対象に行ったアンケート結果である＊1。職種（医師/看護師・スタッフ）や内容によって項目を分け、「感動した体験」、「嫌な思いをした体験」を集計した。生の声（定性情報）と統計データ（定量情報）の両方を掲載している。

　「医師に関するもので感動した体験（図１-２）」をみると、「効果の高い治療、信頼できる診断結果」が39件と最も多いが、次いで「治療内容、症状に関する詳細説明」を挙げる人が30件と多い。また、「医師の丁寧/親身な診察」「医師の優しい言葉遣い・気遣い、患者フォロー」「看護師スタッフの適切な処置・親切な対応」を合わせると83件となる。このことはコア機能である治療そのものの良悪に加え、治療に至るまでのプロセスや患者に対する医師・看護師等の目線・立ち位置といった付帯機能も患者の感動を呼び起こす要素となりうることがわかる。なお、同一のアンケートを株式会社ピー・アンド・イー・ディレクションズが2010（平成22）年３月にも実施しているが、このときと比較して付帯機能への回答

＊1　2020（令和２）年３月に実施した病院・クリニックに関するアンケート調査。送付対象は50歳以上の男性・女性。回答者数500名（男性360名、女性140名）。

比率はやや下がったものの、その重要性は10年前も今も変わりがなく継続していることを付け加えておく。

　逆に「嫌な思いをした体験（図1‐3）」の統計データをみると、病院オペレーションである「長い待ち時間」の件数が最も高く103件となっており、アンケートに回答した人のうち、実に5人に1人は待ち時間に関する嫌な思いをしていることがわかる。この件数は病院の中心的な存在である医師に関連する経験全体に匹敵する件数であり、医療サービスにおいて大きな不満を占めることを示唆する。また、医師に関連する経験の中では、医師の態度や言葉遣いの件数（66件）が多く、医療のコア機能に対する嫌な思い「誤診・不十分な処置」の件数（24件）を大幅に上回っている。

　患者の生の声をみてみよう。たとえば「病院・クリニックで感動した体験：生の声（表1‐1）」では、「腎臓移植後の通院期間中に精神的に落ち込んだ際に『疲れた』ことを医師に伝えると『予約に関係なくいつでも来なさい』と言ってもらえて心の支えになった。（57歳・女性）」「手術後のフォローがとても良かった。退院後、翌日に電話があり体調を聞いてくれたのが嬉しかった。（62歳・男性）」というコメントがある。他方、「病院・クリニックで嫌な思いをした体験：生の声（表1‐2）」をみると、「医師から抗がん剤使用を強く勧められたが、副作用が心配で躊躇していると投げやりな言い方をされた。（72歳・男性）」「ある病院の夜間診療に行った際、担当医師が症状は聞くがわたしの顔を全く見ず、パソコンばかり見て診察されたこと。（54歳・女性）」など、まったく対照的なコメントがある。

　なぜ、このような正反対の現象が同じ医療サービスの世界に起こっているのだろうか。どのようにすれば患者が嫌な体験をせずに医療サービスを受けられるようになるのだろうか。それを解く1つの鍵は次節で詳しく触れるが、先取りすると「発想の起点をどこに置くか」になろう。患者側に起点を置いて発想すると感動体験のコメントが表すような現象につながる一方、起点を医療サービス側に置くと嫌な体験コメントにあるような現象につながってしまう。後者はいわゆる「提供者の論理（サプライヤー・ロジック：supplier logic）」と呼ばれるものであり、一般的には専門家集団であればあるほどその考え方が強まる傾向にある。

　表1‐1および表1‐2にある患者の生の声は、その他にも様々な視点に展開することができる。前述の「発想の起点」に加え、たとえば、次のようなものが挙げられる。
　・患者が感動することはどのように定式化できるか
　・医療におけるマーケティングの4P/4Cとはどういうものか
　・患者起点のマーケティングの手法にはどのようなものがあるのか
　・医療における顧客接点のマネジメントがなぜ重要でどのように設計するのか
　患者が医療サービスに対して本当に求めているものは何か、それを把握するために医療サービス従事者はどうすればいいのか。患者の生の声を意識すると医療サービスに大きな変革が求められていることがわかる。

表1-1　病院クリニックで感動した体験：生の声

大分類	中分類	詳細	性別	年齢
医師に関するもの	丁寧／親身な診察	夫の付き添いで行く医院の先生が患者の言葉に丁寧に耳を傾けてくれる。大体、高齢者は自分の状態を話すことで快方に向かうことが多いと実感しています。	女性	80
		医師特有の少し高慢な姿勢で応対せずに親身になり患者の話を聞き、適切な治療法や治療薬を選んでもらえた。	男性	66
		胃癌治癒後の定期健診の際、直接胃には関係ないと思われる症状に関して質問をしたら、丁寧に疑問に答えてもらえた。	男性	67
		検査入院中　　個別に対応してくれたこと。	男性	71
		医師が時間を気にせず丁寧に問題点を説明の上対処方法まで教えてくれたこと。	男性	75
	効果の高い治療、信頼できる診察結果	右目涙管の詰まりで常時涙が絶えない状況で京大眼科を受診、涙管チューブ挿入手術を受けることとなった。大事な「目」のことでもあり不安もあったが、チューブ挿入術およびチューブ外皮膜抜き取り手術が行われ終了、完全に元の健全状態に復帰した。当初痛み等覚悟はしていたが非常にスムーズな施術、経過措置により微少な痛みもなく元に戻ることが出来たことにすごく感動！感謝感謝の毎日です。心情不安もかなりあり祈りの日々であったが、以降何ら異常もなく健常に推移、先生有難う。	男性	80
		胸が苦しく診察して貰ったら救急車を即手配して頂き心疾患の治療出来る病院に運ばれ、冠状動脈3本中1本は詰り、もう1本も流れが悪く心筋梗塞の一歩手前の不安定狭心症だった。素早い対応で一命をとりとめた。	男性	77
		親知らず抜歯の治療で神経が近いため大学病院を紹介され受診した。確かに待ち時間などは長いが、治療は素晴らしかった。以前、町医者で同じ治療を受けたことがあるがあまりの違いに驚いた。	女性	58
		総合病院の耳鼻科を受診（冬場に鼻水が多く出る）したのですが診察台の上で診察中に我慢できなくて咳が出てしましました、その際申し訳ありませんとお詫びしたのですが、そのことには"いやいや"とお笑いになりましたが、そのあとの言葉に驚きました、貴方呼吸器科の先生に診てもらいなさい、掛かりつけの先生にお手紙を書いておきますとのこと、そこで掛かりつけの先生に呼吸器科の先生を紹介していただきました、そして受診、その結果「COPD」とのこと、お薬を処方され服用しましたところ咳がピタリと収まりました。初めの耳鼻科の先生の「咳一つで」で呼吸器科の先生に診てもらいなさいには感動しました。	男性	81
		花粉症だと思い病院に行ったが診察で腎盂腎炎を治療してもらえた。	女性	56
		心臓で入院した時詳しい全身の検査をしてくれて初期の食道癌を見つけてくれて完全に治療できたこと。	男性	69
	治療内容、症状に関する詳細説明	思いかけず心不全で救急車で搬送されて頭が混乱で真っ白な自分に対し、ICUからの脱出後すぐに主治医が病床に来て病気の症状などの不安や、当面の心配を、検査結果や見立てを中心に、今後の診療方針などを丁寧に説明されて、こちらの不安が少し和らいだ経験がある。	男性	71
		1月末に入院及び手術をしました。これで今までに4回の同様の経験をしましたが、今回の病院は医師の説明責任（特にリスクに対する詳細な内容とフォロー）がよく果たされ、想像以上の別次元の入院生活を送れました。	男性	71
		病気の症状、進行状況をきちんと説明し、治療方法の相談した。安心して任せる気になった。	男性	80
		病名、症状、治療方針等をきちんと説明してくれた。そして、毎回の診療時に改善・回復状況、課題等をきちんと説明してくれた。	男性	70
		医療機関は一種のサービス範疇部門に入ると思う。具体的な診察結果を患者に分かりやすく対応安心感を心に植え付けてくれた経験。	男性	82
		病気内容の適切な、詳細な説明、特に質問内容に関する詳しい説明。	男性	80
	優しい言葉遣い・気遣い、患者フォロー	入院した事があり、その時担当医が毎日来て様子を聞いて的確な説明をしてくれたこと。	男性	78
		一般的に医師は高圧的で一方的な会話が多い中、掛かりつけの医師は私の意思を尊重した会話をしてくれる。	男性	82
		現在において腎臓移植後のために大学病院へと定期的に通院しています　主治医の先生とはプライベートなことから気軽に話ができることでも治療方針その内容においてもすべてを先生に任せるという事ではなく先生とともに考えながらいつも願っている中で先日の診察の時に精神的にも落ちこんでいたことから先生に本当に疲れましたと一言こぼしましたその時に先生の口から予約日でなくともいつでも自分のところに来なさいと言われたことを自宅に戻り改めてその言葉を思い出した時に数多くの患者さんの一人でもある私に言ってくれたことが何よりも心の支えになったことです。	女性	57
		診察の時は常に顔色とかよく観察して気遣ってくれる。しもやけで手が腫れていた時などは手を取って「まあかわいそうに！」と親身になってくれる、やさしい先生なので安心して相談ができる。	女性	69
		入院中ほとんど寝られず困っていて、入院9日目に眠れないことを訴えたところ、20時過ぎに様子を見に来て下さった主治医が自らナース・ステーションから器具を持ってきて、その場でドレーンを外して下さり、翌日の退院許可を出して下さったこと。排液がほぼなくなれば退院とは聞いていたものの、時間外に主治医がそういう対応をして下さったことに今も本当に感謝している。	女性	53
		心配する私に、大丈夫ですよと、身体にタッチしてくれた医師。	男性	76
		手術後のフォローがとても良かった。退院後、翌日に電話があり体調を聞いてくれたのが嬉しかった。	男性	62

看護師・スタッフ・病院オペレーションに関するもの	看護師・スタッフの適切な処置、親切な対応	以前入院した時、看護師の方の働き方をみて感心しました。夜中だろうが汚いことであろうが献身的に世話をしている姿を見て感動しました。	男性	77
		5'6年前、私が通院していた脳神経外科クリニックに、夫も転倒して怪我をし通院した際、同じ看護師さんが「どうなさったの？」と私をハグして下さり、「眼鏡はどうなさったの？」（漢方薬服用で不要になった）と覚えていてくださった。とても嬉しくて、信頼できるクリニックに思えました。	女性	87
		家族が入院、治療をしていた時、患者や家族の不安な気持ちを推し量り、丁寧な説明や対応をしてくださった事に今も感謝しています。おかげで、家族一丸となって病気に向かい合うことが、出来ました。病院のスタッフの皆にありがとうの気持ちでいっぱいです。	女性	58
		京都のさる病院で50日入院した時、手術した医者から、看護師、補助員に至るまで、それ以前の経験以上の手厚い看護を受けた。情報の共有も確かで、世間話にも付き合うほどの豊かな教養を感じさせた。これは義務ではない心に余裕があることを意味している。それはまた、実務としての術後の処置の仕方にも反映する。	男性	81
		病院はまず入るところから始まっていると思う。その入る所で嫌な思いをすると後ずっと嫌な気持ちのままで待合室に入ってしまい、その後医師あるいは看護師の応対にも一段と期ぶしい目を向けてしまう。一度は駐車場で親切なガードマンが居て車いすから用意してくれて車もずっと優先的に置かせてくれたことが嬉しくて後のことまでみんなよく思えてしまったことがある。その病院は今でも利用して医師も丁寧に説明してくれて仲良くしてもらっているのが嬉しい。	男性	80
		かなり前の事ですが時間外の夜にめまいで行きました。落ち着いたら帰宅して良いと言われました。少し落ちついたので帰りました。その時に誰かの気配に振り向くと受付の方が私が自宅のマンションの玄関に入るまで見届けてくれてたのです。凄く感謝しました	女性	84
	急患対応・休日診療	急に体調が悪くなって、診療時間終了直前にかけこみで受診したときに、先生、スタッフの迅速で適切な診断・処置をしていただき、ことなきをえたこと。毎日大勢の患者対応でくたくたのはずなので、ありがたいことだと感謝しています。	男性	70
		診察時間をとっくに過ぎていたのに、親切で丁寧な対応をしてくれて、検査を含めてしっかりと向き合ってもらえたこと。	男性	58
		満杯の待合室に重傷と思われる老婆が家族に伴われて入室した。医師はその場のみんなに謝りながら優先して診察した。だれも文句を言わず冷静に対応した。	女性	72
		入院していた際、夜中でも駆けつけ処置をしていただいた看護師さんやお医者様の行動。	男性	65
		孫が急に熱を出し、病院へつれていたとき、時間外であったにもかかわらず丁寧に診察してくれたこと。	男性	72
		妻が不整脈で救急搬送されたときに、夜中にも関わらず丁寧に対応してくれたこと。	男性	51
	待ち時間が短い	先日行った個人医院ですが、とても混んでいるので、幾人かは外出して戻る事が普通に行われていて、ちょっと用事を済ませて戻ってくる人が結構多い。有効な時間の使い方だと思います。	男性	72
		行きつけの歯医者で歯肉痛治療を1週間待ちといわれたが別の歯科医へ行ったら、そこは予約なしで受け付けてくれた。	男性	79
		息苦しくて病院行ったら優先的に診てくれた。	男性	61
		予約時間通りに診察してくれる。	女性	56
その他		減塩がなかなか難しかったが、ある病院に入院した時に、減塩しても美味しく食べられる食事を出されてから、減塩に自信がついてそれからは出来ている。	男性	81
		複数の診療科を受診した時に連携がとても良かったこと。	男性	53
		トイレが綺麗で使いやすかった。	女性	72
		入院時の食事の美味しさ！	男性	73

（株式会社ピー・アンド・イー・ディレクションズ、2020年3月調査）

分類		回答人数	構成比	
医師に関するもの	効果の高い治療、信頼できる診察結果	39	8%	
	治療内容、症状に関する詳細説明	30	6%	
	医師の丁寧／親身な診察	27	6%	26%
	医師の優しい言葉遣い・気遣い、患者フォロー	26	5%	
看護師・スタッフ・病院オペレーションに関するもの	看護師・スタッフの適切な処置、親切な対応	30	6%	
	急患対応・休日診療	10	2%	9%
	待ち時間が短い	4	1%	
その他		9	2%	
特になし		303	63%	

（株式会社ピー・アンド・イー・ディレクションズ、2020年3月調査）

図1-2　病院クリニックで感動した体験：統計データ

表1-2　病院クリニックで嫌な思いをした体験：生の声

大分類	中分類	詳細	性別	年齢
医師に関するもの	態度・言葉遣い	咳や鼻水が出て微熱があるので引っ越した先のクリニックで診察を受けたが「どうしました」というので状態を言ってから「風邪を引いたらしい」と言ったら大きな声で「病気を判断するのは医者だ。余計なことを言うな」と怒鳴られた。軽い気持ちで言っただけなのでショックを受けた。	男性	80
		妊婦健診で尿漏れがひどくて少し漏れてしまったとき先生に何してるの汚い検診前にトイレ済ませろと怒鳴られました。トイレにはもちろん行きましたしお腹を押されて少し漏れてしまったのを覚えています。それ以来婦人科検査がすごく嫌です。	女性	50
		インフルエンザの症状があったので検査して欲しいと言ったら、そんなのあっちでもこっちでもいるよ！さっきもいたよ！と言われ、食欲促進の薬の処方だけで終わってしまい、翌日他のクリニックに行き検査してもらった。	女性	80
		10年以上前、ある病院の夜間診療に行った際、担当医師が症状は聞くがわたしの顔を全く見ず、パソコンばかり見て診察された。	女性	54
		手術前に不安があって検査したが、結果が心配に及ばないものであったのだが、それに対し「検査して損した」と言われた。	女性	54
		薬を飲まないと死にますよ、といわれた。	女性	60
	誤診・不十分な処置	整形外科で、局所麻酔でも必要ではないかと思われるような痛みがあったにもかかわらず、説明もなく、こちらの同意もなく、無視して乱暴な治療をされた。	男性	55
		高熱で脇腹の痛みがあり、以前経験した病気の症状と同じだと伝え受診した。一切触診することなく尿検査のみで終わった。内科で触診無しとは驚いたし、この医者は信頼できないと感じた。	女性	58
		首が痛いので整形外科に行きレントゲンなど撮って診察して頂いたがレントゲン診断で骨しか診てもらえず筋肉や神経など触診はしてもらえなかった。首牽引してより首が痛くなった。	女性	56
		ろくに診察もせず風邪といわれそのまま1週間たったっが熱がさがらず他の病院にいったら膵炎であぶなかった。	男性	56
		検査で行った病院でばい菌を体内に入れられ敗血症になったこと。	男性	73
		歯医者で麻酔が効いていないで死ぬほど痛かった。	男性	59
	説明不足	取り敢えず医師は手術したがる。自分の経験では、まだ手術をしなくて薬で様子を見てほしかったのに手術を勧められて嫌々ながら承諾して手術をしたが、手術の時に麻酔を打つのに新米の見習い医師が注射をしだしたが、なかなかはありがさせなくて、手術台の自分がイライラして、しまいに全身麻酔を希望するように医師に言って全身にしてもらったが、急に変更したために薬の量が少し違って明くる朝にはその麻酔のせいで苦しい思いをしたことがある。麻酔の医師は、簡単に麻酔の量が少し多かったかな？でしまいた。此方は苦しい思いをしたのに……。	男性	80
		歯医者で説明もなく歯を削られたこと。白いので詰めたけど本当に虫歯だったか、納得できない。1ヶ月も前に予約しているのに、予約時間より1時間も待たされたこと。	女性	59
		医師から抗がん剤使用を強く勧められたが、副作用が心配で躊躇していると投げやりの言い方をされた。	男性	70
		良くなるには何をすべきか、どのような治療をしてもらえるかを説明してほしいのに、悪くなる方向の話ばかりされた。	男性	72
		手術前の詳細な説明のなさ。全身麻酔から覚めた時にびっくりした事で切開の大きさにびっくりです。2箇所ですとは聞きましたが大きさ痛さにびっくり。	男性	67
		手術後転院して、症状が悪化したので、セカンドオピニオンを受けようとしたら、転院前の病院の顔を潰すようなことになるのでやめてくれといわれ、セカンドオピニオンを受けさせてくれなかった。	男性	60
看護師に関するもの	スキル・処置不足	家内が採血をしてもらうとき血管が細いので採血が出来ずに看護師が注射器をいったん抜いて放置し5分後に同じ注射器で採血をしたので病院に看護師の名前を通知した。	男性	80
		歯医者のスタッフに少し乱暴な人がいて、レントゲンの時、歯茎が傷ついた。	女性	70
		看護士の交代の手違いで、半日近く下着の交換などがほおっておかれたことがある。	男性	71
		採血がとても下手。	男性	84
		採血がうまくいかず、3〜4回されたこと。	男性	84
	態度・言葉遣い	採血の時、私の血管が細く自分では申し訳なく思い受けましたか、何度も失敗し嫌な顔されたものですから、トラウマになった。	男性	66
		喘息で咳がすごく出て、息ができない状態のとき怖がっていたら、クリニックの婦長から何がそんなに怖いのかと叱られたこと。	女性	71
		受付や看護士の冷たい対応。	女性	71
		私はアルコール消毒がダメなので、その旨看護師に伝えるも、1週間ほどの入院中毎日アルコール消毒されそうになりその都度ダメだと言い続け、退院だで続いたこと。	女性	56
		看護師の、患者を前にしたままでの私語。	男性	62
病院オペレーションに関するもの	長い待ち時間	調子が悪いから行っているのに、2時間以上待たされました。体調ぐらい聞いて対処してほしいです。	男性	67
		1時間以上かかる大病院で診察を受けに行ったのですが、3〜4時間待たされ診察時間は4〜5分で終わった時。	男性	71
		待ち時間、朝9時に受付をして診察を受けたのが昼の1時過ぎ、待ちくたびれた。	男性	80
		長い時間待たされた挙句、こちらの質問には何も答えてもらえず、薬を出してすぐ終わり。不安がいっこうに解消されず。	男性	58
		激しい痛み症状が有るのに予約順なのでといわれ、かなりの時間待たされた。	女性	71
		長時間待たされて声もかけてくれないこと。救急で病院に行ったにもかかわらず、ストレッチャーの上に放置された。	男性	70

病院オペレーションに関するもの	患者への配慮の欠如	肛門の痛みを見てもらう際、痛みにあまり配慮せずに肛門に指を入れられ、死ぬほどの痛みを感じた	男性	67
		半身麻酔の手術台上にいる時、通りがかったスタッフに私を見て「あぁー」と大きな声で言われたこと。さすがにすぐさま医師からお叱りを受けていた。	女性	52
		狭い診察室で他の患者さんの聞こえるところで検査結果を伝えられた。	女性	66
		インフルエンザが蔓延していた時に、インフルエンザ様相の患者を一緒の待合室に待たせていて、インフルエンザ患者を隔離する手配が遅かった。	男性	73
		大きな声で名前を呼ばれる。看護師に大小の回数を大きな声で聞かれる。痛くて辛いときに、何の手当もしてくれない。	女性	73
		たらいまわしにされ診察してもらえなかった。	男性	54
	スタッフの態度	以前通っていた整形外来の受付嬢に「この曜日じゃなくて、別の日に来て下さい」と口汚く罵られた！　理由はその曜日は院長不在で出張医の診療で、私の丁度いい曜日でその日しか通院できない日だった！その後はすぐ別の整形外科に変更しました。(徒歩圏内ではなくなったけれど）	女性	87
		入院中、介護士からセクハラまがいのことや看護を投げやりにするなどの対応を受けた。	女性	50
		いつまでたっても呼ばれずに最後にミスがあったと謝られたこと。	男性	54
		案内が杜撰で、並んでても正しい順番に処置しない。	男性	58
		予約なしに行ったとき邪魔者扱いされた。	女性	72
	診療費用に対する不満	某眼科でレーザー治療で網膜凝固術手術を行い医療保険請求のため、診断書求めたら診断書作費用以外に治療費の個人負担金を更に追加で請求された。こんなこと今までどこにもなかった。以来この眼科には絶対に行かない。	男性	73
		上から目線で検査ばかりして、金がかかる診療をする。	男性	55
		端的に高い。	男性	63
その他		外勤と内勤の担当医師の連絡ミス。	女性	70
		室内が暑かったり寒かったりする。	男性	64
		救急外来を断られた。	男性	65
		入院中、予約制（時間予約）でシャワー室を利用した際、カランの横に無雑作に髪の毛の固まりが捨てられたまま放置されていたこと。	男性	82
		たくさんありすぎてどれを書くか困難。	男性	74
		病院にクレーム等を言っている人を見た時。	男性	62
		歯医者の口にする設備がとても汚れていてまた不衛生でこれを見た瞬間、次回からは転院する事に決めた。	男性	72

（株式会社ピー・アンド・イー・ディレクションズ、2020 年 3 月調査）

	分類	回答人数	構成比	
医師に関するもの	医師の態度・言葉遣い	66	14%	23%
	医師の誤診・不十分な処置	24	5%	
	医師の説明不足	22	5%	
看護師に関するもの	看護師のスキル・処置不足	9	2%	4%
	看護師の態度・言葉遣い	9	2%	
病院オペレーションに関するもの	長い待ち時間	103	21%	
	スタッフの態度	10	2%	
	患者への配慮の欠如	9	2%	
	診療費用に対する不満	3	1%	
その他		16	3%	
特になし		211	44%	

（株式会社ピー・アンド・イー・ディレクションズ、2020 年 3 月調査）

図1-3　病院クリニックで嫌な思いをした体験：統計データ

❺ 提供者からの発想　対　顧客からの発想

1　病院サービスの満足度

　提供者からの発想（サプライヤー・ロジック：supplier logic）という言葉と、顧客からの発想（カスタマー・ドリブン：custmer driven）という２つの言葉がある。

　患者のことをまったく思わないで医療行為に従事している医師はいないし、患者を無視した病院経営者・病院従事者はいない。現に、病院で実施したアンケートで、今後強化したい教育テーマの第１位は「経営管理、組織マネジメント」（49.8%）、そして第２位が「コミュニケーションスキル、接遇・顧客満足向上」（39.1%）であり、患者志向を標榜していることがわかる（図１-４）。

2　発想の起点

　「サービスのプロフェッショナル」の観点として病院・クリニックをとらえた場合、満足度が高くない理由の１つに「提供者からの発想（サプライヤー・ロジック）」という考え方に起因するものが少なくない。

　サプライヤー・ロジックの典型例を挙げてみよう。

　・目の前の患者が大変なんだから、予約の時間からずれても仕方がない。

　・患者は医師に治療を任せていればいい。

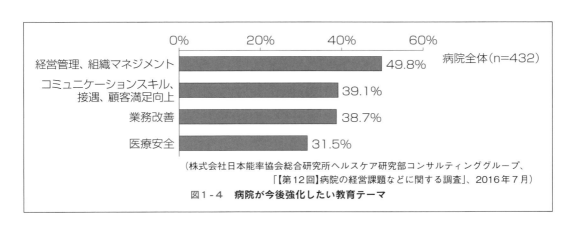

（株式会社日本能率協会総合研究所ヘルスケア研究部コンサルティンググループ、
「【第12回】病院の経営課題などに関する調査」、2016年7月）

図１-４　病院が今後強化したい教育テーマ

・医療の専門知識をもっているわけではないのに、いちいち説明するのは無駄だ。

・治療のついでに他の検査などもやっておこうか。患者も喜ぶだろう。

・混雑しているときに待合室で呼んでもいなかった。他に待っている患者もいるので、順番を後にするのはしょうがない。

・どのくらい待つのかと聞かれても医師の診察次第なので、わからないものはわからない。

・たいした病気ではないのに、それほど大げさに言うことはない。

　これらの供給者側の論理がもたらす患者の不満は、11ページ「病院・クリニックで嫌な思いをした体験：生の声（表1-2）」に如実に表れている。

・手術前に不安があって検査したが、結果が心配に及ばないものであったのだが、それに対し「検査して損した」と言われた。（54歳・女性）

・喘息で咳がすごく出て、息ができない状態のとき怖がっていたら、クリニックの婦長から何がそんなに怖いのかと叱られたこと。（71歳・女性）

・いつまでたっても呼ばれずに最後にミスがあったと謝られたこと。（54歳・男性）

・採血の時、私の血管が細く自分では申し訳なく思いましたが、何度も失敗し嫌な顔されたものですから、トラウマになった。（66歳・男性）

・咳や鼻水が出て微熱があるので引っ越した先のクリニックで診察を受けたが「どうしました」というので状態を言ってから「風邪を引いたらしい」と言ったら大きな声で「病気を判断するのは医者だ。余計なことを言うな」と怒鳴られた。軽い気持ちで言っただけなのでショックを受けた。（80歳・男性）

　提供者側の考え方に理があるとも考えられるが、患者の生の声をみる限り、それが顧客からみて必ずしも「正しい理」にはなっていない。顧客には顧客の論理があり、医療がサービス業である限り、患者からの発想を医療機関は意識しなければならない。

　たとえば、病院の壁にポスターを掲示する場合、どの位置に貼るか。ポスターをみるのは患者である。患者は待合室で椅子に座って待つ。したがって患者へのメッセージを伝えるためのポスターは椅子に座った患者の目の高さに合わせなければならない。患者からの発想をすると、文字通り、患者の目線に立つことになり、ポスターを貼る位置は自動的に決まる。

　あるいは患者の待ち時間。待ち時間を短くするのは難しく、打ち手はないと考えている医療機関も多いだろう。しかし、少しでも待ち時間を短くするための施策をみつけ出し実行することが患者の立場から発想する行動である。医療スタッフの動きに本当に無駄はないのか。ある動作にどの程度の時間がかかっているのか。どのような動線であれば移動時間が短くなるのか。そのためにはレイアウトをどのように変更するべきなのか。診療行為

を1つひとつの動作に分解し、ストップウォッチで各動作を計測し、1秒でも短くする方法をみつけ出す。高い業績を実現している、ある飲食チェーン企業は厨房やフロアでのスタッフの動作を秒単位で標準化し、少しでも顧客の待ち時間を少なくして顧客の満足度を高めている。これは同時に回転率を高めることにもなり収益向上につながっている。

　このような小さな改善を積み重ねていくことは、一般のサービス業もしくは日本が世界に誇る高い競争力を保持している企業では当たり前のように行われている。もちろん、聖路加国際病院など評価の高い多くの病院では患者からの発想によるあくなき改善が行われている。患者からの発想に基づいて「やれないのか」それとも「やらないのか」。その分岐点は大きく異なる結果をもたらす。

顧客からの発想：1つの事例

1　病院に行きたがる人はいない

　医療サービスを提供する病院・クリニックが患者起点の病院・クリニックとなるためには、顧客からの発想をしなければならない。そのためには、改めて「そもそも患者とは？」という根本的な問いかけを行う必要がある。

　たとえば、アメリカの医療サービスにおける満足度調査で常に高く評価されるメイヨー・クリニックでは、「そもそも病院に行きたがる人はいない」という前提に立って、医療サービスの提供方法を考えている。メイヨー・クリニックの職員は次のように述べている。

> （病院の建物に関して）私たちは全体的なデザインだけでなく、素材やその使い方にも細心の注意を払いました。私たちがしようとしたことは、患者さんたちがドアから入ったとき、自分たちはユニークで特別な場所に来たのだと思ってもらえるようにすることでした。高級感、高度な専門技術、思いやりと温かさを患者さんが感じてくれる雰囲気を作りたかったのです
> （ベリー，レナード・L，セルトマン，ケント・D，『すべてのサービスは患者のために──伝説の医療機関"メイヨー・クリニック"に学ぶサービスの核心』日本出版貿易、2009年）

　本来、自ら進んでは行かない場所に関して、選ばれる病院・クリニックになるためには、それだけの誘因が必要である。「患者は病院に行きたがらない」という前提を置くと、どのようにすれば「行きたがる病院になるのか」という高次の視点が生まれ、患者起点の医療機関となるための道が開かれる。

2　人は目に見えるもので判断する

　もう1つのとらえ方は、「患者は目に見えないものを目に見えるもので推測する」ということである。やはりメイヨー・クリニックの上級スタッフは次のように述べている。

（メイヨー・クリニックの上級スタッフが、靴ひもの汚れている検査スタッフに対して）あなたは気づかないうちに患者さんと接触しているのですよ。例えばメイヨーの名札を付けて通りを歩いていたり、廊下で患者さんやご家族とすれ違ったり。ですからそんな汚れた紐の靴をはいてメイヨー・クリニックの名前を汚してはなりません。

患者さんにとって、医師の技術や検査の正確性を判断することは難しいかもしれませんが、自分たちの必要とするものを提供し、自分たちの時間を大切にしてくれるシステムを評価することはできます。私たちが効率性という面でより優れた仕事をすれば、患者さんには評価できない診療技術についても高い信頼をおいてもらえるのです。

（ベリー, レナード・L、セルトマン, ケント・D、『すべてのサービスは患者のために─伝説の医療機関"メイヨー・クリニック"に学ぶサービスの核心』日本出版貿易、2009 年）

　患者は優れた治療技術を求めていることは間違いない。しかしその治療技術のレベルは、患者が治療技術以外で目にすること・体験することから判断しているのだ、ということを肝に銘じなければいけない。
　医療サービスの多様化は患者ニーズと対である。患者が治療以外で目にすること、体験することは、医療サービスにおいて顧客満足度を左右する重要な地位を占めている。
　詳細は後ほど触れるが、外部にアウトソーシングをしている会社・人も含め、病院・クリニック内で起きているすべてのことが患者起点での医療サービスなのである。

7 自らの業界を知る(1) 業界の定義

1 病院業界の定義

　病院業界の範囲の定義には狭義と広義の2つがある。狭義での病院業界は、病院およびクリニックそのもの、クリニックで働いている医師・看護師などの職員と定義する。広義の定義は、病院に器材・資材を供給したり、薬品・消耗品を提供していたり、サービスを受託する企業まで含めて考えるものである（図1-5）。患者の満足度は狭義の病院のみならず、広義の病院業界に含まれる様々な企業・機関の協力があって初めて成し遂げられるものである。また、広義の病院業界のプレイヤーは患者と同じく、病院を選ぶ立場でもあると同時に病院の良し悪しへも影響を及ぼすインフルエンサー（influencer：影響者）でもある。

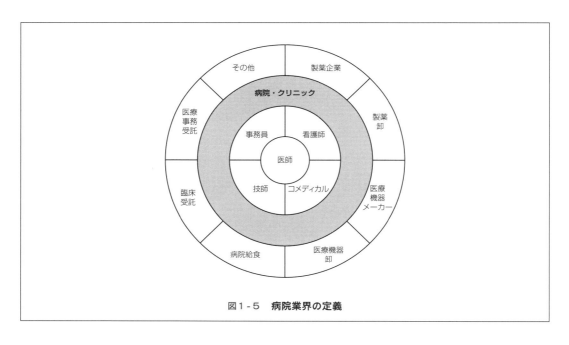

図1-5　病院業界の定義

2　巨大な病院業界

　総務省統計局の産業別雇用者数の調査によると、2018（平成30）年度4月末時点の「医療・福祉」の雇用者数は831万人に上り、製造業の1,060万人、卸売り・小売業の940万人次いで3番目に多い。なお、2013（平成25）年4月末時点の医療・福祉の雇用者数は738万人であり、5年間で約100万人の雇用者増となっている。また、厚生労働省が実施した医療施設調査（図1-6）によると、本章でいう狭義の病院業界での従事者数は、医師、看護師、技師、理学療養士、作業療養士、事務職員、合わせて310万人、そのうち医師は約46万人、看護師（准看護師含む）は約115万人、事務職員・その他職員は約54万人となっている。

（人）

	病院	一般診療所	歯科診療所
医師（歯科医師含む）	227,392	137,694	98,183
看護師（准看護師含む）	919,205	225,930	944
理学療法士・作業療法士	123,604	15,943	―
技師	99,898	22,818	―
事務職員・その他職員	291,552	213,146	34,069

（厚生労働省「医療施設調査」2017年）

図1-6　職種別にみる医療施設従事者数

3　多岐にわたる病院周辺業界

　先述したように、広義の病院業界を構成する各サブ業界は製薬業界から医療事務の受託まで多岐にわたっている。主な周辺業界の市場規模、主要プレイヤー、市場シェア構成は図1-7の通りである。

4　社会的価値の高い病院業界

　たとえば職種別の月額給与（図1-8）をみると、病院長約150万円、医師約90万円などとなっており、一般企業の支店長クラス（76万円）や研究所の所長（87万円）などと比較して高い報酬となっている。社会における医療サービスの位置づけは非常に重要であり、社会的責任の大きな職業であることが改めて認識される。

■医療用医薬品（2019年）

企業名	売上高（百万円）	構成比率
武田薬品工業	715,374	7%
第一三共	672,728	6%
ファイザー	519,510	5%
中外製薬	507,433	5%
アステラス製薬	456,049	4%
その他	7,754,537	73%
市場規模	10,625,631	100%

(IQVIA)

■医薬品卸（医療用医薬品のみ）（2016年度）

企業名	売上高（百万円）	構成比率
アルフレッサホールディングス	2,006,544	24%
メディパルホールディングス	1,873,833	22%
スズケン	1,855,717	22%
東邦ホールディングス	1,045,415	12%
その他	1,678,905	20%
市場規模	8,460,414	100%

(矢野経済研究所「2017～2018年版 医薬品卸企業年鑑」)

■医療機器製造（2018年度）

企業名	売上高（億円）	構成比率	
ニプロ	2,003	6.9%	（推定）
テルモ	1,885	6.5%	
日本光電	1,302	4.5%	
オリンパス	1,089	3.8%	
キヤノン	1,061	3.7%	（推定）
その他	21,686	74.7%	
市場規模	29,027	100.0%	

(厚生労働省、薬事工業生産動態統計、各社IR（一部推定）)

■病院向け給食（2017年度）

企業名	売上高（億円）	構成比率
日清医療食品	1,130	13%
富士産業	352	4%
エームサービス	293	3%
シダックスフードサービス	195	2%
LEOC	163	2%
その他	6,513	75%
市場規模	8,645	100%

(富士経済「外食産業マーケティング便覧 2018 no.1」)

■臨床検査受託（2017年度）

企業名	売上高（億円）	構成比率
エスアールエル	1,290	27%
ビー・エム・エル	1,030	22%
LSIメディエンス	504	11%
ファルコバイオシステムズ	230	5%
江東微生物研究所	130	3%
札幌臨床検査センター	56	1%
その他	1,545	32%
市場規模	4,785	100%

(富士経済ネットワークス「サービス産業要覧（2018年版）」)

■医療事務受託（2017年度）

企業名	売上高（億円）	構成比率
ニチイ学館	1,080	53%
ソラスト	530	26%
日本ビジネスデータープロセシングセンター	20	1%
その他	400	20%
市場規模	2030	100%

(富士経済ネットワークス「サービス産業要覧（2018年版）」)

図1-7　周辺業界の概要

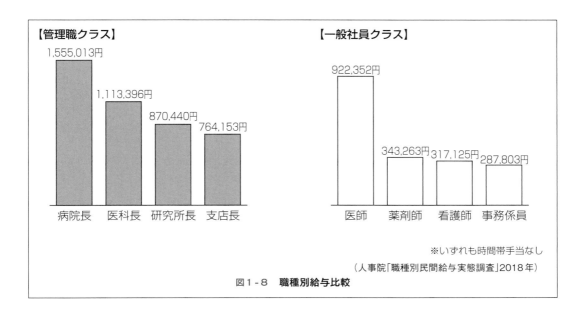

【管理職クラス】

1,555,013円 病院長
1,113,396円 医科長
870,440円 研究所長
764,153円 支店長

【一般社員クラス】

922,352円 医師
343,263円 薬剤師
317,125円 看護師
287,803円 事務係員

※いずれも時間帯手当なし

（人事院「職種別民間給与実態調査」2018年）

図1-8　職種別給与比較

8 自らの業界を知る(2) 顧客視点が必要となる業界構造

　病院業界を俯瞰し、様々な観点から分析を行ってみると、病院業界に関していくつか特徴的な要素がみえてくる。それを一言で表現すると、病院業界は「大いなる中小企業の集合体」であり、ある１つの組織が独占的にサービスを提供しているわけではない、ということである。

　この事実は次のようなことを示唆している。つまり、病院・クリニックは患者というサービス提供対象者に対して「強気に出られる」ほど強固な基盤をもっているわけではない。これは、病院・クリニック側は患者に「選ばれる」という立場にあることを意味する。言い換えると、病院業界は顧客視点のマーケティングが強く要請される業界なのである。

1 平均的な事業規模

　病院の数は約8,000、クリニックは約10万であるが、売上は約20倍違う。特にクリニックに至っては平均事業規模が１億円を下まわり、9,000万円となっている（図１-９）。１施設当たりの平均事業規模としては極めて小さいといえる。

2 大病院の位置づけ

　大病院の絶対的事業規模は大きくない。最大手の医療法人である徳洲会の2015（平成27）年の売上は約2,000億円、２位である沖縄徳洲会は約1,100億円と1,000億円の規模を超えているものの、３位以下の医療法人はその規模には達していない（図１-10）。ただし、上位２医療法人を含め、どの医療法人もここ９年で成長率は約２倍以上の伸び上がりをみせている。市場規模は成長しているものの、そのうちのほとんどは大手に集約しているととらえる。

3 廃業率は低い

　建設業、製造業、卸売業、小売業、不動産業・物品賃貸業、宿泊業・飲食サービス業、生活関連サービス業・娯楽業、医療・福祉の８業界について、2015（平成27）年のデータ

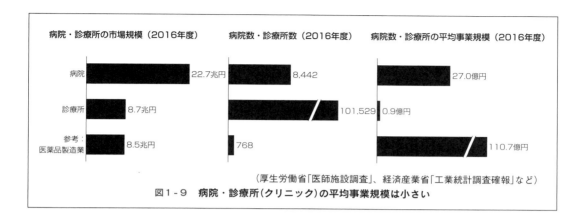

（厚生労働省「医師施設調査」、経済産業省「工業統計調査確報」など）

図1-9　病院・診療所（クリニック）の平均事業規模は小さい

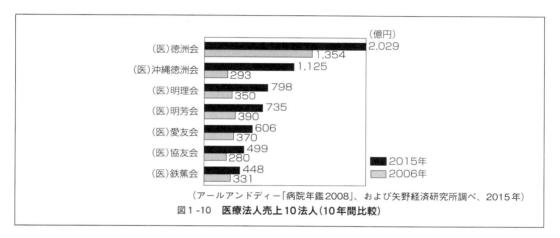

（アールアンドディー「病院年鑑2008」、および矢野経済研究所調べ、2015年）

図1-10　医療法人売上10法人（10年間比較）

を用い、縦軸に廃業率、横軸に開業率、廃業率をプロットにすると、医療業界の廃業率は開業率に比べて低く、他業界と比べても圧倒的に低いことが見受けられる（図1-11）。一定数開業率はありながら、廃業率が低いとなると、プレイヤーの数が増えているか、統合により規模が拡大しているかのいずれかの仮説が成り立つ。

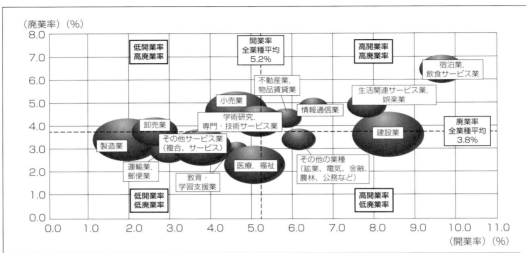

業種	開業率	廃業率	事業所数
建設業	8.3%	3.7%	321,302
製造業	1.9%	3.4%	290,551
情報通信業	6.5%	4.9%	56,788
運輸業，郵便業	3.0%	2.9%	77,124
卸売業	2.6%	3.8%	137,656
小売業	4.7%	4.7%	247,873
不動産業，物品賃貸業	5.8%	4.4%	55,140
学術研究，専門・技術サービス業	5.2%	4.2%	153,863
宿泊業，飲食サービス業	9.7%	6.4%	107,001
生活関連サービス業，娯楽業	7.8%	4.9%	90,768
教育，学習支援業	4.6%	3.0%	34,312
医療，福祉	5.1%	2.4%	233,839
その他の業種（鉱業、電気、金融、農林、公務など）	6.2%	3.5%	70,879
その他サービス業（複合、サービス）	3.8%	3.1%	219,462
全産業	5.2%	3.8%	2,096,558

（注）　1.雇用保険事業年報による開業率は、当該年度に雇用関係が新規に成立した事業所数／前年度末の適用事業所数である。
　　　　2.雇用保険事業年報による廃業率は、当該年度に雇用関係が消滅した事業所数／前年度末の適用事業所数である。
　　　　3.適用事業所とは、雇用保険に係る労働保険の保険関係が成立している事業所である（雇用保険法第5条）。

（厚生労働省「雇用保険事業年報」）

図1-11　業種別開廃業率の分布状況（2015年度）

column ①　コンサルタントの使い方

　コンサルタントを毛嫌いしている病院・クリニックがある。他方、コンサルタントに依存しきってしまっている病院・クリニックもある。外部資源（使い方によっては有益にも有害にもなりうる）であるコンサルタントやコンサルティング会社に対する「期待」あるいは「距離感」について、その範囲を間違って認識している病院・クリニックが多いのではないかと感じることがある。

　患者満足の向上、業務改善・改革などの施策を提案し、実行し、成果を出す責任者・実行者はコンサルタントなのか？──否、答えは病院・クリニックサイドである。医師として処方箋を書いて、薬を渡しても、患者が飲まなかったり、指導通りの服用をしない場合、結果が出ないことは自ら経験しているはずである。コンサルタントとの付き合い方も同様である。コンサルタントの価値は、①しがらみに囚われず、客観的・中立的なアドバイスができること、②他病院あるいは他業界などの豊富な事例・実例を知っていること、③いろいろな状況下にある「ビジネスを考える」ことに慣れていること、などである。

　「大丈夫です、儲かります」と言うようなコンサルタントは怪しい。「貴病院によいやり方を一緒に考えて、実行のお手伝いをしましょう。でも結果を出すのはあなたたちですよ」と言えるコンサルタントが理想的なコンサルタントである。コンサルタントは副え木役であり、あるいは水先案内役にすぎないことを、改めて肝に据えるべきであろう。

⑨ 自らの業界を知る(3) 業務の外部委託と顧客視点

1　業務アウトソーシングの浸透度

　病院におけるコア業務(中核業務)とノンコア業務(付帯業務)とは何であろうか？　医療機関が業務委託を行っている院内業務をみてみると(図1-12)、リネンサプライ、医療産業廃棄物処理、臨床検査の3点に関しては、かなりアウトソーシング度が高い。清掃、各種点検・保守・修理などに関しては、アウトソーシング比率が高くなっているものの、一部ではまだ業務のアウトソーシングに慎重な病院が多いことがうかがえる。他方、医療情報サービス、医療経営コンサルティングなどに関しては、まだまだ浸透は少ない状況である。生産性の向上、顧客・患者サービスの向上を図る意味でも、コア業務に特化し、ノンコア業務は外部の力を積極的に活用するような流れがさらに加速される可能性がある。

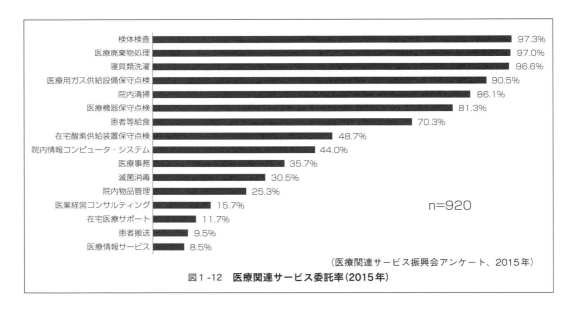

（医療関連サービス振興会アンケート、2015年）

図1-12　**医療関連サービス委託率(2015年)**

2　外部委託先を顧客視点でみているか？

　患者は、たとえばリネンサプライのサービスについて、それを病院が提供しているのか外部の委託先業者が提供しているのかといった事情に関係なく、医療サービスを構成する１つの要素としてとらえる。ベッドのシーツが汚れていると、患者は「病院のサービスが悪い」と判断する。その患者の判断に対して「それは委託先の業者が悪く、当病院が悪いのではない」と考えるのはサプライヤー・ロジックである。つまり給食サービスや医事業務など広義の病院業界の定義に含まれるものはすべて、単なる納入業者・サービス提供会社としてとらえるのではなく、顧客の視点でみなければならない。顧客からみれば、病院・クリニックを通して、外部委託業者までが医療サービスという連続線でつながっているのである。

　また、病院・クリニックの規模と委託先事業者との規模を比較すると、委託先事業者のほうが規模の大きいケースがみられる。また少数の事業者が寡占的にサービスを提供している業務サービス領域もある。つまり、ビジネス上の交渉力という点からみると、場合によっては、病院・クリニックの側が委託先事業者を選ぶのではなく、病院・クリニックの側が委託先事業者から選ばれる立場にあるとも言い換えることができる。この場合、病院・クリニック側が外部委託先を顧客という視点でみなければならなくなる。

　このように、外部委託事業者については、二重の意味で顧客視点が必要になる。外部委託先を協働のパートナーではなく単なる納入業者であり、いわゆる「お金の視点で利用する」相手とみなすと、外部委託先が期待を超えるサービスを提供することは望めないうえに、そもそも委託先事業者が取引契約を解除してくる可能性も否めない。結果的に、患者が感動する病院・クリニックにはなりにくくなることも考えられる。

　従業員満足度の高い組織は顧客満足度も高いと言われることがある。同様のことが外部委託業者にも当てはまるであろう。今後、ノンコア業務の外部委託はますます進むと考えられる。したがって、なおさらのこと、委託先は病院・クリニックの一部であり、いかに良い関係を構築・維持するのかが重要になる。

⑩ 自らの業界を知る（4） 情報ギャップの解消と顧客視点

1 公的機関による消費者調査の実施

アメリカでは、保健社会福祉省（United States Department of Health and Human Services：HHS）傘下の連邦政府機関のヘルスケアリサーチ＆クオリティ局（Agency for Healthcare Research & Quality：AHPQ）が「ヘルスケアサービス提供者に対する消費者評価とシステムプログラム（Consumer Assessment of Healthcare Providers and System Program：CAHPSプログラム）」を1990年代半ばから実施している。このCAHPSプログラムは、患者視点からの医療サービスの質を測定し、消費者へデータを公開することによって、消費者がより良い医療機関を選択するためのサポートを目的にしている。サービス内容は下記に分かれる。

- ・外来に関する調査：医療保険調査、診療所調査、外科調査、メンタルヘルス調査、歯科調査、アメリカンインディアン調査、家庭医療調査
- ・入院に関する調査：病院調査、透析センター調査、養護施設調査

2 情報提供と病院選択

CAHPSプログラムの調査方法は、CAHPS調査に協力を表明している927病院（アメリカン病院協会に加盟している約5,000病院のうちの20％）について、患者に調査する手法をとっている。回答者数は約20万人である。回答者は14個の質問に対し4段階で、総合評価については10段階で、友人・家族への推薦については4段階で回答する方式をとっている。AHPQは質問結果を8項目にまとめインターネットで調査結果を公表している（図1-13、表1-3）。この公開情報は患者の病院選択に役立てられている。

3 日本の状況

日本では、厚生労働省や病院単位で満足度調査などを行っているが、患者による医療機関の選択をサポートすることを目的に行われている段階にはいまだ至っていない。しかしだからといってCAHPSのようなプログラムが日本で今後も行われないことを保証するも

のではない。厚生労働省や消費者庁など公的機関による調査の実施および調査結果の公表が行われることを前提に、顧客から発想する医療サービスの提供を徹底する必要がある。

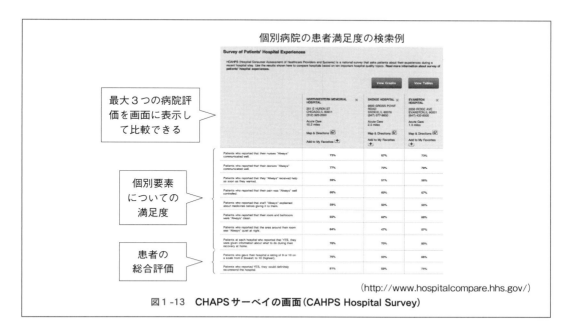

（http://www.hospitalcompare.hhs.gov/）

図1-13　CHAPSサーベイの画面（CAHPS Hospital Survey）

表1-3　USニュース＆ワールドによるアメリカの患者満足度調査

アメリカの最も良い病院（2019～20年）

順位	病院	場所
1	メイヨー・クリニック	ミネソタ
2	マサチューセッツ総合病院	ボストン
3	ジョンズ・ホプキンス病院	バルティモア
4	クリーブランド・クリニック	クリーブランド
5	ニューヨーク・プレスビリアン コロンビア＆コーネル大学	ニューヨーク
6	ロナルド・レーガン UCLA メディカル・センター	ロサンゼルス
7	UCSF メディカル・センター	サンフランシスコ
8	シダーズ・サイナイ医療センター	ロサンゼルス
9	NYU ランゴーンメディカルセンター	ニューヨーク
10	ノースウェスタン記念病院	シカゴ
11	ミシガン大学病院	アナーバー
12	スタンフォード病院	カルフォルニア
13	ブリガム・アンド・ウイメンズ病院	ボストン
14	マウントサイナイ病院	ニューヨーク
15	UPMC シェイディーサイド	ピッツバーグ
16	南カルフォルニア大学病院	ロサンゼルス
17	UW ヘルス・ユニバーシティ病院	マディソン
18	ペンシルベニア大学病院	フィラデルフィア
18	メイヨー・クリニック（アリゾナ州フェニックス）	アリゾナ
20	ヒューストン・メソジスト病院	ヒューストン
20	イェール＝ニューヘイブン病院	コネチカット

（https://health.usnews.com/health-care/best-hospitals/articles/best-hospitals-honor-roll-and-overview）

問題 病院の業界構造について、最も適切なものを１つ選べ。

〔選択肢〕

①病院業界は約8,000の病院、約10万のクリニックで構成されており、売上のほとんどはクリニックが占めている。

②病院業界は他業界に比べると廃業率が高く、開業率は比較的低い。

③院内業務におけるリネンサプライは病院におけるノンコア業務であり、業務委託の割合が比較的低い。

④日本でも厚生労働省や各病院で顧客満足度調査が積極的に行われているが、アメリカのような患者における医療機関の選択サポートにはつながっていない。

解答　④

解説

①×：病院数、クリニック数の構成は正しいが、業界売上の70％以上が大手病院に集約されていて、クリニックがほとんどを占めているわけではない。

②×：病院を含む医療・福祉業界は、他業界に比べ廃業率は低い。他方、開業率はおおむね他業界と同水準になっている。

③×：臨床検査、リネンサプライ、医療廃棄物などは、院内業務の中でも圧倒的に業務委託の割合・率が高い。

④○：満足度調査は行っているものの、いまだ医療機関選択をサポートすることを目的に行われている段階ではない。

第2章
患者起点のマーケティング：計画

■1 マーケティングの全体像
■2 ニーズの把握と顧客感動
■3 セグメンテーション
■4 ターゲット（標的市場）
■5 ポジショニング・差別化
■6 マーケティングの4Pと4C

1 マーケティングの全体像

1 事業の定義

　「マーケティング」という言葉はよく聞くものの、マーケティングを考えることとは何をどうすることなのか。一般的には、事業ドメイン(事業領域、事業の範囲)を決め、その事業ドメインを前提として市場の全体像を把握することから始まり、マーケティングの変数を具体的に設定し、商品やサービスの売る仕組みや全体構造を構築することがマーケティングを考えることとなる。

　事業ドメインとは、自分たちが展開する事業の範囲、事業の定義のことを言う。第二次世界大戦の前のアメリカの話——アメリカの鉄道会社の多くは鉄道網をアメリカに敷くことを自分たちの事業ドメインと定義した。しかし、その後の歴史が物語るように、鉄道会社よりも顧客の移動を業とする、航空会社との戦いに敗れていった。

　事業ドメインのとり方によって、ターゲットとなる顧客や提供サービスおよび競争相手が異なってくる。現在、日本の首都圏にある鉄道会社は自分たちの事業ドメインを鉄道会社とはとらえていない。不動産開発や商業施設誘致、ケーブルテレビ事業の展開など、「沿線の生活シーンへの提供」を自分たちの事業ドメインとしているので、電力会社、ガス会社、通信会社あるいは不動産会社としのぎを削っている。

　病院・クリニックの事業ドメインとは何だろうか。近年の病院・クリニックを取り巻く環境を考慮すると、「診断・治療サービスの提供」という狭いレベルを超えた事業ドメインをもつことが必要になっていると考えられる。たとえば「人の健康に関するプロフェッショナルサービスの提供」という、より拡張された事業ドメインをもつことが必要になっているのではないだろうか。このように事業ドメインの定義の仕方により、病院経営の姿勢・患者に向き合う姿勢は、かなり異なってくる。医療サービスの多様化は病院・クリニックの事業ドメインをより広義なものへ拡げつつある。

2 マーケティングプロセス

　事業ドメインが決まると市場および市場を構成する顧客の輪郭がみえてくる。市場の全体像をとらえ、市場をニーズごとに細分化し、共通のニーズをもつ集団に分類していく。

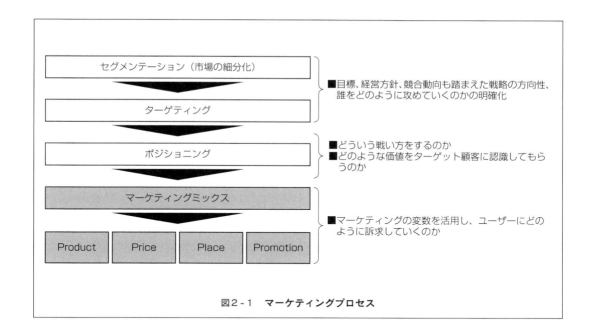

図2-1 **マーケティングプロセス**

後ほど詳細に説明するが、これはセグメンテーションと呼ばれる段階である。

　市場がどのようなセグメントで構成されているのかを把握したら、続いて共通のニーズをもつ分類された集団(セグメント)のうちのどれを狙って事業を展開していくのかを決める。これはターゲッティングと呼ばれる。具体的な顧客のイメージ、顧客のもつ具体的なニーズのイメージが明確にならない限り、商品・サービスの提供は困難である。

　ターゲットが決まると、自社と他社との違いを顧客が認識できるように差別化戦略を考え実行する。これはポジショニングと呼ばれる段階である。言い換えると、同業他社に対してどのように戦っていくのか(＝競争戦略)の基本方針を決めることである。同業他社と類似の戦略をとる場合もあるが、その場合は価格競争に巻き込まれる可能性が高くなるので、市場では他社とは異なる位置取りを行い、事業を展開する。

　だれをターゲットにして、業界の中でどのようなポジショニングをとって事業を行うのかが決まると、具体的にどのような商品・サービスをいくらで売るのか、どこでどうやって売るのか、どのように販売促進を行っていくのかを決めていく。これはマーケティングの４P、つまり製品・サービス(product)、価格(price)、場所・チャネル(place)、販売促進(promotion)と呼ばれるものであり、総してマーケティングミックスと呼ばれる。ユーザーが直接的に知覚・認識・比較するので、マーケティングを考えるうえで非常に重要な要素となる。

　これら一連の流れを総称して「マーケティングプロセス」と呼び(図2-1)、商品・サービスを消費者に提供する場合には必ず行わなければならない工程である。

2 ニーズの把握と顧客感動

1 潜在ニーズと顕在ニーズ

　来院する患者、生活者が「こんなサービスがほしい」と口に出して言うことは稀である。むしろ提供を受けているサービスに多少の不満があっても、口に出して言わない、言えない場合のほうが多く、サービスに対する顕在ニーズを見逃しがちになる。それを放置すると、いわゆる「サイレント・クレーマー」が増加していく。サイレント・クレーマーと言うと大げさに聞こえるが、皆さんがレストランに行き美味しくなかった、サービスがいまひとつの場合、いちいち店員に「まずかった」、「もう来ない」とは言わずに店を出て、二度とそのレストランには行かないことと同じである。サイレント・クレーマーは黙って、永遠に去って行くだけなのである。

　来院者の満足度を把握するためには、まずニーズを顕在化することが重要である。顕在化するためには、具体的な課題を挙げて迫ることが必要である。事象だけに注目するのではなく、掘り下げて、構造化して、真因(声になっていない声：潜在ニーズ)まで行き着くことが重要である。

2 「仮説・検証」、「構造化」による真のニーズ掘り下げ

　では、どうすれば潜在ニーズにまでたどり着けるのだろうか。簡単に言うと、起きているある事象だけをみるのではなく、なぜそうなっているのかを突き詰めて考えていく必要がある。氷山は、みえていない水面下の部分がみえている部分よりも大きいのが一般的である。

　また、事象として起きていること(問題・課題など)とその原因は1対1に対応しているわけではなく、複数の要素が絡み合っている場合が多い。1つの問題を解決しても、また別の問題が発生するのは、現象の真因まで突き止めていないことに原因がある。潜在ニーズまで行き着かないと、まったく異なる解決法を提示してしまう。

　潜在ニーズ、根本的な課題に行き着くためのアプローチは同じである。Why、Why、Whyを繰り返し考え、真因まで掘り下げていくことが必要である。

　顧客・患者から顕在化している問題とその解決法をコインの裏表のようにとらえた対応

策を行っても、満足度は上がらないし、課題は解決しない。絡み合っている事象を紐解いて、体系化していくことこそが重要なのである（図2-2、図2-3）。

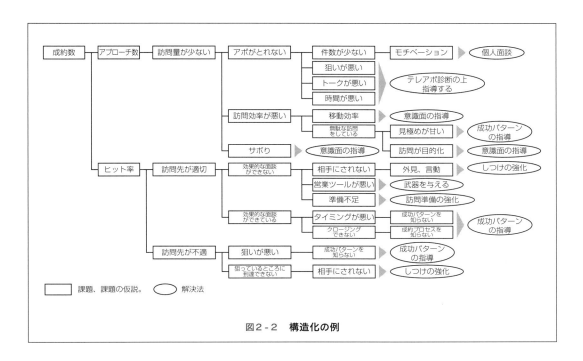

図2-2　構造化の例

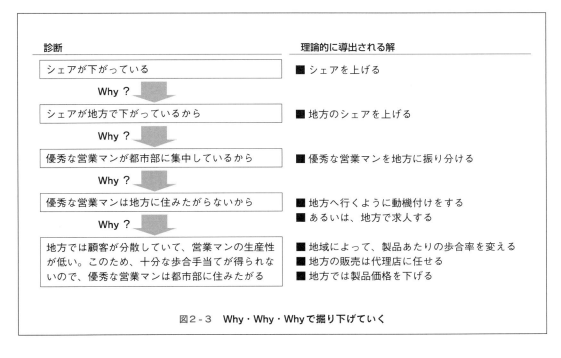

図2-3　Why・Why・Whyで掘り下げていく

3 顧客（患者）感動を目指して

　病院・クリニックの世界では、「患者満足」という考え方自体、いまだスポットが当たりにくいが、一般企業では「顧客満足」は当たり前で、その上の「顧客感動の創造」ということに重点が移ってきている。顧客満足の一般式は図2‐4、図2‐5のように考えられる。

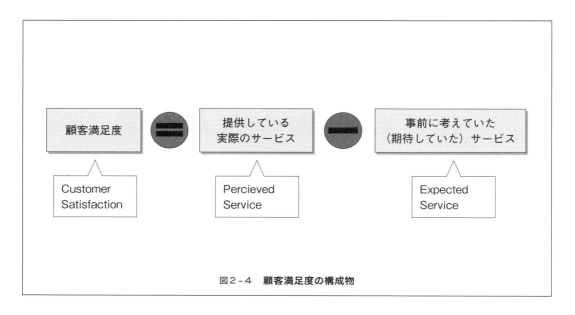

図2‐4　顧客満足度の構成物

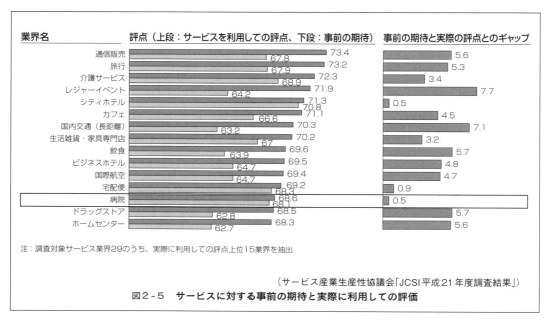

注：調査対象サービス業界29のうち、実際に利用しての評点上位15業界を抽出

（サービス産業生産性協議会「JCSI平成21年度調査結果」）

図2‐5　サービスに対する事前の期待と実際に利用しての評価

　古いデータになるが、サービス産業生産性協議会が2010（平成22）年に調べたデータによると、病院はサービスを利用しての事前の期待と実際の利用による評点のギャップは0.5ポイントとほとんど差がない。レジャーイベントの7.1ポイントなどと比べると圧倒的に低い。つまり、病院のサービスにはまだまだ顧客満足や顧客の感動要素は小さいといえる。

　ただし、筆者らの調査では患者が病院・クリニックで「感動した体験」（9ページ、**表1 - 1**）も数多く寄せられている。たとえば以下のようなコメントが挙げられる。

- 診察の時は常に顔色とかよく観察して気遣ってくれる。しもやけで手が腫れていた時などは手を取って「まあかわいそうに！」と親身になってくれる、やさしい先生なので安心して相談ができる。（69歳・女性）
- 5～6年前、私が通院していた脳神経外科クリニックに、夫も転倒して怪我をして通院した際、同じ看護師さんが「どうなさったの？」と私をハグしてくださり、「眼鏡はどうなさったの？」（漢方薬服用で不要になった）と覚えていてくださった。とても嬉しくて、信頼できるクリニックに思えました。（87歳・女性）
- 急に体調が悪くなって、診療時間終了直前にかけこみで受診したときに、先生、スタッフの迅速で適切な診断・処置をしていただき、ことなきをえたこと。毎日大勢の患者対応でくたくたのはずなので、ありがたいことだと感謝しています。（70歳・男性）
- 手術後のフォローがとても良かった。退院後、翌日に電話があり体調を聞いてくれたのが嬉しかった。（62歳・男性）

病院サービスに関しては事前の期待が大きいだけにそれを大きく上まわるサービスを提供することは容易ではないが、上記はいずれも、患者が事前に想定していたレベルを超えたサービスを受けたことを如実に示している。

　まだすべての病院・クリニックが顧客満足という軸で日々しのぎを削っているという競合状況ではない現状において、患者・顧客の期待値はかなり異なっていることが予見される。「患者中心」を理念にした経営を行っている病院を利用していた患者・顧客と、サプライヤー・ロジックに基づく経営を行っている病院を利用した患者・顧客では、同じサービスを提供しても、満足度の感じ方が異なる。いかに早期にサプライヤー・ロジックを脱し、顧客・患者発想の経営・オペレーションを行うかは大きな差別化要因になる。

　すでに患者・顧客からの評価の高い病院・クリニックにおいては、利用している患者・顧客の期待値が高い状態にある。期待値が高い分、常にサービスレベルの向上をしていかなければならない。また顧客感動を目指していかなければならない。「いつもと違う」というだけでトラブルの原因になることも十分に留意しておく必要がある。

③ セグメンテーション

1 セグメンテーションとは

　セグメンテーションとは、全体を①抜け・漏れがなく、②重複なく、③戦略的な意味合いを引き出せるように、分けることである。またセグメントとは、その分類されたいくつかのグループを指す。

　なぜセグメンテーションという考え方が重要なのか——。顧客は全体として共通の特性・特徴をもっていると同時に、1人ひとりが異なる特性や特徴をもっている。顧客全体を一括りにみて商品を展開すると、すべての人が完全に満足できる商品・サービスになる可能性は低くなる。他方、顧客1人ひとりの特性に合わせて個別に商品・サービスを提供することは提供者にとって大変なコストがかかる。そこで、顧客全体を意識しつつ、ある程度個別のニーズに対応するために、提供者は顧客全体をセグメンテーションし、それぞれのセグメントに対応した事業を展開することになる。

　マーケティング用語では、顧客全体を共通の視点でとらえるマーケティングを「マス・マーケティング」、顧客を1人ひとり個別にとらえてマーケティングを行うことを「ワン・トゥー・ワン・マーケティング」と言う。そして「セグメンテーション」は、その両者の間に位置する考え方である（図2-6、図2-7）。

2 セグメンテーションの軸

　まずセグメンテーションを考えるとき、マーケティング活動に意味のある示唆が導き出せるようなセグメントをとらえる必要がある。市場を分ける典型的な軸は、①地理的要因、②人口動態、③パーソナリティや心理的要因、④ライフスタイル・行動特性——の4つである。①地理的要因とは、アジア・欧州・アメリカ、北海道から九州・沖縄などの地方による分類、都心と郊外などの地理要因、②人口動態とは、性別、年齢、家族構成、所得水準、職業などの要因、③パーソナリティや心理要因とは、内向的・外交的などその人の性格、もしくは人間関係を重視する・ビジョンを示すなど人間性のタイプによる分類、④ライフスタイル・行動特性は、趣味・趣向、嗜好・こだわり、利用時間帯、購買経験などの要因を指す。

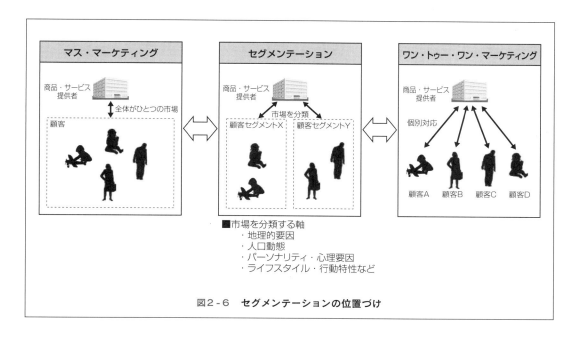

図2-6 セグメンテーションの位置づけ

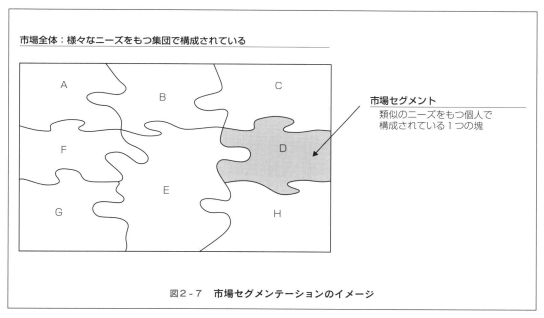

図2-7 市場セグメンテーションのイメージ

　たとえば、身のまわりにあるシャンプーを考えてみると、働く女性を対象とした商品、新陳代謝の盛んな年齢層の男性を対象にした商品、抜け毛が気になる世代を対象にした商品など、多種多様な商品が存在している。それぞれの商品は、特定のセグメントを狙っていて、コンセプト、パッケージ、宣伝広告などは大きく異なっている。また、理容業界でもいろいろなユーザーのセグメントが存在している。カットだけに特化し、1,000円/10

分で行う理容室を利用する人もいれば、ヒゲそりやマッサージなどの提供も受け、5,000円近く支払って理容室を利用する人もいる。男性であっても理容室ではなく、美容室を利用している場合もある。

　たとえば皆さんがよく利用するファミリーレストランの選定に関して消費者がもつニーズをセグメント分けすると、図2-8のようになる。

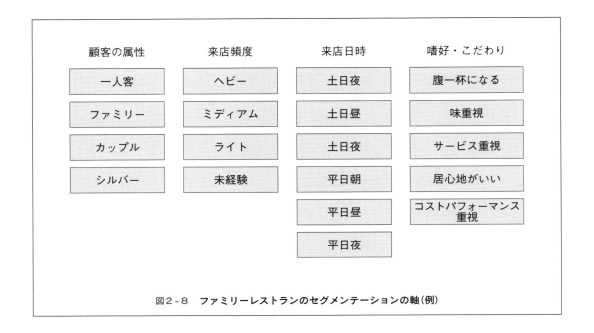

図2-8　ファミリーレストランのセグメンテーションの軸（例）

3　病院業界におけるセグメンテーション

　病院業界におけるセグメンテーションとは何か。まず、病院業界では提供サービスによってセグメント分けが行われている。診療科がセグメントの一例である。異なる疾患をもつ患者ごとに、内科・皮膚科・泌尿器科・産婦人科・眼科・歯科などのようにセグメントが形成されている。違った切り口でセグメントが形成されている例として、年齢や性別による括りが挙げられる。子どもを対象とした小児科、女性を対象としたウーマンズ・クリニック（女性科）、介護施設を併設した高齢者向けクリニックなどが存在している。さらに、歯科医の世界では「審美・美白」、眼科では「レーシック治療」、内科では「心療内科・メンタルクリニック」などのように比較的新しい切り口でのセグメンテーションが発生してきている。病院業界では、業界の習熟度とともに、提供サービスを中心にセグメントの細分化が進んでいくものと考えられる。

　たとえば医療サービスの内容レベルという切り口でみると、「検査だけしてほしい人」「診察してほしい人」「治療してほしい人」「体質まで改善してほしい人」「薬だけほしい人」など

ニーズは様々であり、いくつかのセグメンテーションに分類できる。

　このように市場を「十把ひとからげ」にとらえるのではなく、「意味のある塊」＝セグメントをみつけることが顧客ニーズを満たす第一歩であり、とるべき打ち手を考える非常に重要な出発点となる（図2-9）。

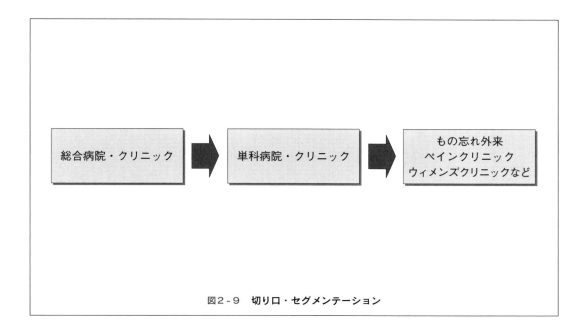

図2-9　切り口・セグメンテーション

ターゲット（標的市場）

　「どんな患者に対しても、何でもやります」という医療は現実的ではない。1つの例が診療科の選択である。どの疾患をもつ顧客・患者を狙うのかということに関しては、自然に選択している。この選択をしないと、幅広く診察・治療設備・処置薬・経験をもった医療スタッフなどを準備しておかなければならず、病院・クリニック経営の効率性を下げることにつながる。前節でみたように、業界内にいるユーザーはたくさんのセグメントから構成されている。だれを「メイン」ターゲットにするか、について考えることは一般業界・企業では重要な戦略的要素である（図2 -10）。成長率が低い伝統的なビジネスが行われていた文房具市場において、新風を巻き起こした企業にアスクル株式会社がある。アスクル株式会社は市場のセグメント構造を見極め、ターゲットを正しく選定し、ターゲット・セグメントに対応したビジネスのやり方、サービスの提供の仕方を構築することで大成功を収めている（図2 -11）。

　こと病院業界においては、このターゲットという考え方が一般業界に比べて希薄であるし、希薄にならざるをえない理由がある。それは、日本の医療制度自体が国民皆保険であ

全体マーケット

- 様々なニーズをもつ人が混在

　⇒それぞれに対して異なる商品・売り方を考えなければならない

　⇒資源が分散してしまう

セグメンテーション

- 何らかの切り口で、同じニーズ・購買傾向をもつ人の集まりに分ける

標的セグメント

- ターゲットを絞り込むことで、最も自社の強みを生かせる分野に資源を集中できる

図2 -10　**セグメンテーションからターゲッティングへ**

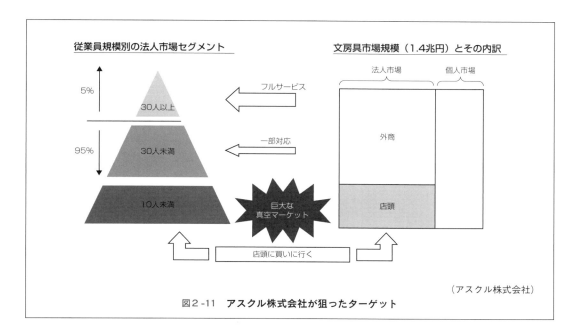

図2 -11　アスクル株式会社が狙ったターゲット

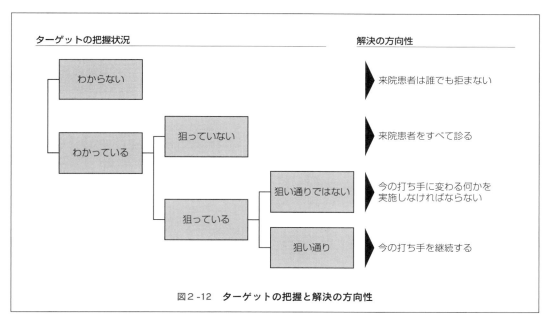

図2 -12　ターゲットの把握と解決の方向性

り、等しくサービスを提供することであり、顧客を選ぶ・差別しているという考え方が忌み嫌われるからである。ただし、病院・クリニック運営上、以下の状態は大きく異なっていることを理解しなければいけない。

①来る患者・顧客は誰でも拒まない（まったく考えていないし、メインの患者・顧客層

がわかっていない)

②メインの患者・顧客層はわかっているが、ターゲットとして狙ってない

③メインの患者・顧客層がわかっていて、ターゲットを決めて狙っているが、狙い通りいかない(狙ったところからズレる)

④狙い通りターゲットに来てもらっている

なぜならば、患者にとって良い病院経営を行うために対応すべき施策が各レベルで異なってくるからである(図2-12)。

ターゲットが「狙い通りにいかない」、あるいは「狙ったところからズレる」のはなぜか。マーケティングプロセス(35ページ、図2-1)における①セグメンテーション(市場の細分化)の切り口が間違っている、②ターゲットに対して4P(product、Price、Place、Promotion)のうちのいずれか、あるいは複数、もしくは4Pの組み合わせが間違っている、③4Pの整合性・一貫性が弱い、といったことが挙げられる。

たとえば、「高齢者が多い商圏であるから」と、高齢者をターゲットにすべく、バリアフリー環境を整備したとする。それでも、院内の掲示物の表示が小さかったり、アナウンスの声が小さかったり、あるいは待合室の座席数が少なかったりといったことがあると、高齢患者の満足度は向上せず、「狙い通りにいかない」といった状況を生み出してしまう。

ポジショニング・差別化

1 ポジショニングとは

　「エリア内に存在している同業の病院・クリニックの中で、何かの分野でナンバーワンと言えるものを作ってそれを訴求しよう」という歯科医・デンタルクリニック向けのマーケティング支援の会社がある。数多くある病院・クリニックの中で患者（消費者）に選ばれる病院・クリニックとなるためには、消費者から1番目に想起してもらえる病院・クリニックになることが重要であり、そのためには何らかの特徴を出さなければならない。自分たちの病院やクリニックをどのように位置づけると患者に選んでもらえるのかについてを考え、実行することをポジショニングという。

　図2-13はアパレル業者各社が市場でどこに位置づけられるかを示したグラフである。このように各社が市場でどこに位置づけられるかのポジショニングを表したものを「ポジショニング・マップ」と呼ぶ。各社は狙っているポジションが他社と重ならないように位置どり＝ポジショニングするのが良いとされている。差別化されていたほうが、競合と不毛な競争を避けられる。顧客からみると、各社とも特徴が明確で、こういう場合にはこの

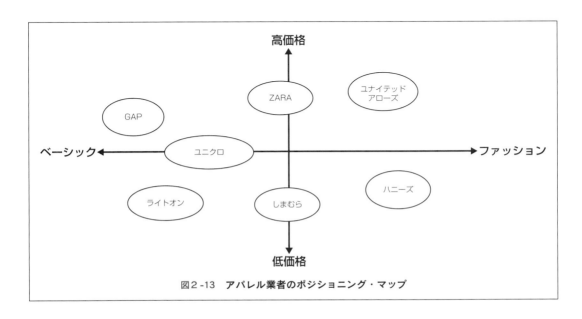

図2-13　アパレル業者のポジショニング・マップ

アパレルを利用する、という位置づけが明確になる。

　ポジショニングの考え方から示唆されることは、「中途半端は最悪である」ということである。同業者と比較してサービス内容に何の特徴もなく中途半端な場合には、「あえて選ばれる」という存在にならないのである。「他との違い＝差別化」を進めなければ、選ばれる存在にはならないのである。

2　ポジショニング・マップ

　消費者からみて自分たちの病院やクリニックがどのような位置づけなのかはポジショニング・マップを描くことによって明確になる（図2-14）。ポジショニング・マップの描き方は次の通りである。

　まず背反する2軸をとって座標軸を作り、自分の病院・クリニックがどこに位置づけられるかを考えてみる。軸はできるだけ患者視点で出すことが望ましく、かつ、患者が病院を選ぶ際に重要視する要因を軸に設定しなければならない。ポジショニング・マップ上で、エリアにある病院・クリニックと同じところに自病院・クリニックが位置づけられる場合は、患者からみると特徴がわかりづらく、他の病院・クリニックと患者の取り合いをしていることになってしまいかねない。ポジショニング・マップを描くことによって、どの病院もポジションをとっていないエリアに自病院・クリニックを位置づけるように、経営戦略上の「変化・改革＝リ・ポジショニング」の必要性を意識することもある。リ・ポジショニングは次節でみる4P・4Cを考慮することで行う。

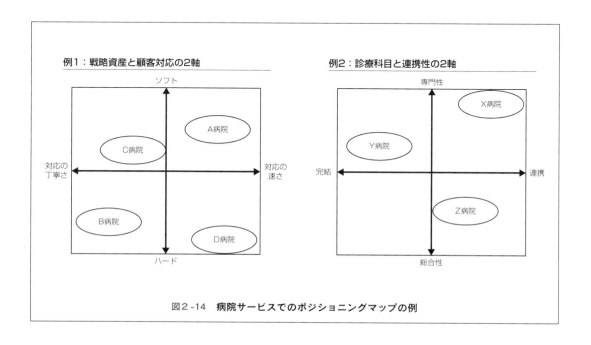

図2-14　病院サービスでのポジショニングマップの例

マーケティングの４Ｐと４Ｃ

1 マーケティングの４Ｐ

　従来から、マーケティングでは「４つのＰ」をどのようにして一貫性をもって設計するのかが重要であると言われてきた。４つのＰとは、「Product/Service（商品・サービス）」「Price（価格）」「Place（場所・立地）」「Promotion（宣伝広告）」である。

　それに加えて、最近は「４つのＣ」でマーケティング戦略を考える方法も広がりつつある（マーケティングの４Ｃ）。４つのＣとは、「Customer Solution（顧客が抱える問題の解決方法）」「Customer Cost（顧客が負担する費用）」「Communication（顧客との対話）」「Convenience（顧客が認識する利便性）」である。

　「４つのＰ」と「４つのＣ」は双方でそれぞれ裏表の関係にあるが、サービス供給者側の視点でみたものが「４つのＰ」、顧客の視点でみたものが「４つのＣ」である（図２-15）。

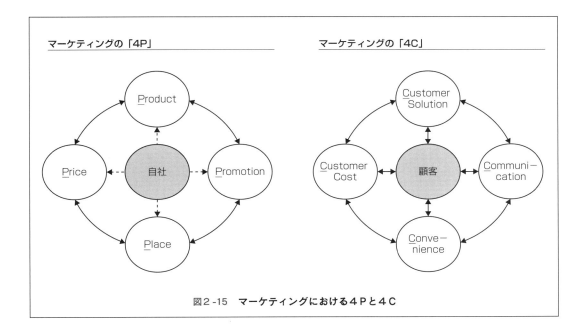

図2-15　**マーケティングにおける４Ｐと４Ｃ**

▌（1）Product/Service（商品・サービス）

　企業や組織が消費者に対して提供する商品やサービスそのものを指し、商品・サービスがもつ機能や品質、デザイン、パッケージ、サイズなどにかかわるマーケティング要素のことを言う。医療サービスでは検査や治療、手術などコアとなる医療行為に加え、診療科目の設定、病床数の設定、診療予約サービス、医療機関の建物や医療関連装置、サービス提供のための空間の雰囲気作り、患者接遇など、医療行為にまつわるコア機能/付帯機能、ハードウェア/ソフトウェアなど様々なものの総体が医療における「Product/Service」に該当する。一般業界・企業においては商品・サービスの供給量は自社で自由に設定できるが、たとえば基準病床数を超えての病床数の設置・増加は認められないなど、医療サービスでの「Product/Service」には制限が課されている。

▌（2）Price（価格）

　商品やサービスを購入するときに消費者が支払う価格（標準価格）をどう設定するのかは重要な検討事項である。また、商品・サービスの値引き、一括支払いなのか分割払いなのか等の支払いの仕方、販売すればするほどその分量に応じて奨励金を提供するというリベート（販売奨励金）もマーケティングの「価格」要素に含まれる。医療サービスでは価格は診療報酬に該当するが、一般業界・企業のように自社で標準価格を設定したり、自由に割引価格を提示することができない。自由診療は認められているものの、一般業界・企業と比較すると、医療サービスでの価格設定の自由度は相対的にきわめて小さい。

▌（3）Place（場所・立地）

　どこで商品・サービスを提供するのかにかかわる要素である。たとえばコンビニエンスストア業界ではエリアシェアを獲得するために、ある地域に密集して同じコンビニエンスストアを出店する「ドミナント出店」という戦略がある。購入した商品を家に届けるという宅配サービスも「Place」に相当するマーケティング要素である。医療サービスにおいては、各都道府県の医療計画などにより、医療機関の設置場所はサービス提供側が自由に選択できるわけではないが、病院をどこに建設するか、病院に行くのかそれとも往診するのか、などサービス提供の空間を決めることがPlaceの例である。

▌（4）Promotion（宣伝広告）

　テレビコマーシャルや新聞折り込みなどの広告、Web上や店頭などでの商品キャンペーンのような販売促進策を実施するなど、消費者の購入量を増やすために行われる非価格的な打ち手を総称してPromotionという。最近では他社との商品比較広告が展開される場合もある。医療サービスの場合、客観的事実であることを証明できない内容の広告や比較

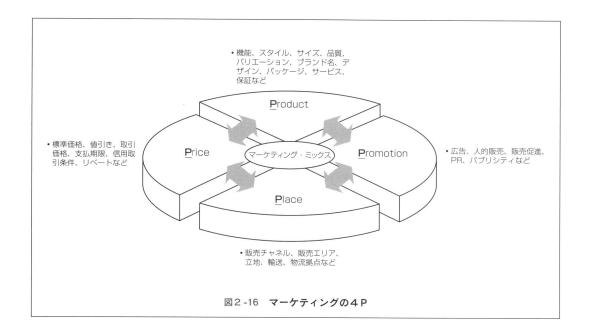

・機能、スタイル、サイズ、品質、バリエーション、ブランド名、デザイン、パッケージ、サービス、保証など

・標準価格、値引き、取引価格、支払期限、信用取引条件、リベートなど

・広告、人的販売、販売促進、PR、パブリシティなど

・販売チャネル、販売エリア、立地、輸送、物流拠点など

図2-16　マーケティングの４Ｐ

広告は制限されている。また新聞・雑誌・放送など広告チャネルに関しても厳しい制限が課されており、自由度は低いと言える。他方Webや看板などでの広告規制は低く、多くの病院クリニックが活用している手段となっている。

2　マーケティングの４Ｃ

　先で述べたような「４つのＰ」に代表される従来型のマーケティング要素に加えて、近年注目されているのが「マーケティングの４Ｃ」である。経済成長率が低下する中で、需要よりも供給が上まわる状態になりつつあり、顧客の視点をより強くもたなければ商品やサービスを購入してもらえなくなりつつある。「４つのＰ」はサービスの供給側の論理で決定されるものであり、「顧客視点」が十分に意識されない場合がある。そこでマーケティングを顧客の論理でより強く考えていくために、次の「４つのＣ」という視点が広がっているのである。

（1）Customer Solution（顧客が抱える問題の解決方法）

　顧客は何らかの問題や課題を抱えているからこそ、財やサービスを求める。目薬がほしいというニーズの背後には、目に関するトラブルを解消したいという思いがある。だから目薬を購入して自分が抱える問題を解決しようとする。このように商品・サービスの提供とは顧客の問題解決を行うことに他ならない。

▌(2)Customer Cost（顧客が負担する費用）

サービス供給者側のPriceはサービスを受容する側からみるとCostである。「ここまでは負担してもいいと知覚する金額」を超えて顧客はサービスを購入しない。先に価格ありきではなく、顧客が負担するコストを先に認識し価格設定および商品・サービスの設計が行われなければならない。

▌(3)Communication（顧客との対話）

顧客がサービスに対してどのような意見や考え方をもっているのか、つまり「顧客の生の声」を把握することは非常に重要である。また、顧客に自社のメッセージがきちんと伝わっているのかどうかも、サービスの需要量に大きく影響を及ぼす。サービスの提供にあたって、顧客とサービス提供側が双方向できちんと対話がなされているのか、双方の考えが正しく理解・認識されているのかは非常に重要である。

▌(4)Convenience（顧客が認識する利便性）

顧客は自身が求める価値を容易に入手できるのか、これが利便性であり、利便性が高ければ高いほど商品やサービスへのニーズが高まる。商品の価格が少々高くてもコンビニエンスストアに行くのは、家の近くにある、夜中にも開店している、商品に当たり外れがないなど、顧客が利便性を感じるからである。

	一般業界・企業	病院業界（病院・クリニック）
Product / Customer Solution	■ 自社でどのような商品・サービスを提供するかは自由に設定できる ■ サービス提供の開始・終了およびそのタイミングは基本的には自社で自由に選択できる	■ 基本的に医療サービスのみ提供することが可能 ■ 医療サービス以外の営利目的のサービス提供は制限されている
Price / Cost	■ 需要と供給の中で価格設定 ■ 値引き販売、抱き合わせ販売、クーポン提供・ポイント還元など、当初設定されている標準価格とは実質的に異なる価格での販売が可能	■ 価格に相当する診療報酬点数はそのサービスごとに事前に決められており、医療サービス提供者が自由に設定することはできない ■ 値引き販売、クーポン、ポイント制などによるサービス提供は不可
Place / Convenience	■ 小売りでは大規模小売店舗法など一部制限はあるものの、出店場所などサービスを提供する場所については企業側が自由に設定可能 ■ スクラップ＆ビルドは比較的自由	■ 各都道府県の医療計画に基づき、地域の医療サービスの供給量は決められているため、需要がある場所ならいつでもどこでも医療機関を設置できるというわけではない
Promotion / Communication	■ テレビコマーシャル、チラシ・折り込み広告、ネット上でのプロモーション、スポーツなどのスポンサー契約、キャンペーンの実施など様々な商品の販売促進策を実施可能	■ 広告を行うものが客観的事実であることを証明できない内容の広告や比較広告は制限されている ■ 新聞・雑誌・放送など広告チャネルに関しても厳しい制限が課されている

図2-17　マーケティング4P/4Cに関する一般業界・企業と病院業界・医療機関との比較

問題 医療マーケティングについて、誤っているものを 1つ選べ。

〔選択肢〕

①マーケティングミックスの４Ｐとは、プロダクト(Product)、プライス (Price)、プレイス(Place)、プロモーション(Promotion)の４つである

②一般的な医療サービスは顧客の事前期待が大きいため、実際の利用後の満足 度とのギャップが大きく、差分を埋めるには待ち時間を短縮するなど の工夫が必要である。

③眼科では「レーシック治療」、内科では「心療内科・メンタルクリニック」「ス リープクリニック」など、比較的新しい切り口でのセグメンテーションが発 生している。

④病院業界でマーケティングの概念が浸透してこなかったのは、国民皆保険と いう平等的な考え方があることが影響している。

解答　②

解説

①○：マーケティングミックスの４Ｐは、どのような商品・サービス（Product）を、いくらで（Price）、どこを通じて（Place）、どう販売促進して（Promotion）売るのか、という要素である。

②×：残念ながら多くの患者は、医療サービス自体の質がわからない場合があり、事前期待は小さい。

③○：細分化された市場をセグメンテーションと言う。病院業界では、患者の疾患ごとに細分化された市場が形成されている。さらに歯科の中では、「診断・治療」だけではなく、「審美・美白」など提供するサービスによる細かいセグメンテーションも発生している。

④○：国民皆保険という医療制度により、日本の医療業界においてマーケティングという概念は、顧客の選択・差別につながると考えられ、長年、敬遠されていた。しかし近年では、病院内でマーケティング部の役割を担う組織の発足も目立つ。

第3章
患者起点のマーケティング：実行

1 患者起点のマーケティング展開：方法論
2 顧客サービスの接点をマネジメントする
3 口コミ・マーケティング
4 データベース・マーケティング
5 エリア・マーケティングと商圏分析
6 マーケティングPDCA
7 マーケティング感覚の磨き方
8 組織の力を重視する
9 計画の実行管理：概論
10 計画の実行管理：実践
11 患者起点の価値観の組織浸透
12 マーケティングの浸透に向けて

患者起点のマーケティング展開：方法論

一般業界・企業では広く取り上げられているが、病院業界ではあまり普及していないマーケティング的な考え方・手法に下記のような事柄がある。病院業界で広く取り組まれることによって、患者中心のマーケティングの流れをさらに強化できるものと確信している。1つずつ解説する。

1　顧客の生の声を拾う

（1）VOC

VOCとは、顧客の声（Voice of Customer）を意味する用語である。狭義では、顧客の声ととらえるが、広義には、顧客の顕在・潜在要求、競合他社に関する多面的な情報、市場の変化などを定点的、継続的にとらえることを意味する。顧客の声をアンケートやコールセンターに寄せられる苦情、営業経由で聞いてくる話、フォーカスグループインタビュー、市場調査結果などから収集、分析し、顧客の満足を獲得できる製品やプロセスを設計、開発することである。

（2）エコーシステム

エコーシステムとは消費者・顧客から寄せられる様々な意見・要望をデータベース化し、新しい商品やサービスの開発および改善に生かすシステムである。顧客から直接的に届けられる意見や不満および顧客と日常的に接している流通チャネルがもっている顧客の生の声を収集・分析し、何が課題なのか、どうすればその課題を解決できるのかを組織内で検討することによって顧客ニーズに素早く対応することが可能となる。サービスを提供する企業・組織と顧客とをつなぐ重要な仕組みの1つである（図3-1、図3-2）。

病院・クリニックにとって、患者・生活者の意見・要望をとらえるための手法・窓口にはどのようなものが考えられるだろうか？　また、一時的（スポーツ的）ではなく、恒常的にとらえるための手段としてどのようなものが考えられるか、検討していただきたい。

必要な要素

- 文書、電話、インターネット、直接来社など、顧客の声を広く吸い上げることのできる窓口
- 顧客や流通チャネルの生の声を収集、分析し、データベース化し、社内に還流する機能を司る仕組み
- 顧客や流通チャネルの生の声を分析した結果を製品開発やサービス改善等、営業・経営両面で活かすための会議・決裁機関

一般的な定義

- ■ 様々な形で寄せられる消費者・顧客からの意見・要望をデータベース化し、新製品の開発、既存製品の改良、顧客サービスの改善など、全企業活動に活かすシステム
- ■ コンシューマ向け事業会社（消費財メーカー、家電メーカー、保険会社など）で広く普及している顧客と企業とつなぐ仕組み

導入のメリット

- 自社の顧客・消費者ニーズに関する情報が蓄積され、更新されるので、顧客の要望・変化に素早く対応できる
- 顧客は「エコーシステム」によって、企業側の顧客本位の姿勢を知ることとなり、顧客から選ばれる企業になれる
- 顧客の生の声を蓄積したデータベースを活用して、全社ナレッジマネジメントが可能となる

図3-1　エコーシステムとは？

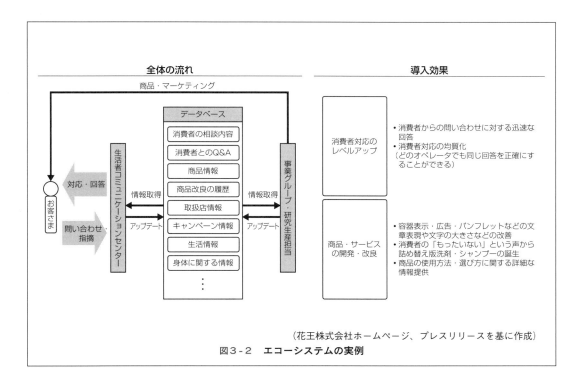

（花王株式会社ホームページ、プレスリリースを基に作成）

図3-2　エコーシステムの実例

2 顧客サービスの接点をマネジメントする

　診療技術のレベルを患者が見極めることが困難であるという前提に立つと、サービスレベルを顧客に伝達するためには顧客サービスの接点をいかにうまくマネジメントするかが重要になる。顧客がサービスに接する、まさにそのコンタクトポイントでの体験・感情がサービス全体の評価につながるからである。

　患者に医療サービスを提供する際の接点は、①スタッフ、②ハード、③プロセスの大きく3つである（図3 - 3）。

1　スタッフ

　スタッフとは、病院・クリニックで働いている人のことである。大事なことは医師・看護師・会計など患者と直接接する人に限らず、検査技師、事務職員なども含まれるという点である。これらスタッフの総体的な動きがまさに、患者に提供される医療サービスを形作っており、技師や事務職員も間接的には患者に接している。言葉遣いや患者への配慮など接遇改善が大きく取り上げられるのは、サービス接点のマネジメントにおいてスタッフは最も重要な要素だからである。

2　ハード

　ハードとは、病院の建物や装置などを指す。照明が暗いと患者の気持ちも暗くなる。壁やトイレが汚れていると患者は病院全体が不衛生だと感じる。臭いがすると患者は不快に感じる。医療機器に使い古された感じが強いと診療技術も最新ではないのではないかと類推する。スタッフ同様、ハードもまさに顧客と接しているのである。

3　プロセス

　プロセスとは業務プロセスである。診察券をボックスに入れて待っていて、後から診察券を入れた人が先に呼ばれたとしたら、どの患者であっても良い感じはもたない。待ち時間が非常に長いとどこかプロセスがおかしいのではないかと感じる。予約したのに、予約

時間に診察が受けられないと、何のために予約をしたのか疑問に感じる。どの診療科を受診すればよいかわからないときに、いろいろな窓口をたらいまわしにされると憤りを感じる。プロセスはスタッフやハードと異なり物理的なものではないが、顧客サービスの「隠れた接点」として非常に重要なマネジメントの対象なのである。

　第一印象は、文字通り最初の接点でしか作れない。第一印象と第二印象とはまったく異なる概念である。第一印象が悪ければ、印象を改善するために膨大な時間と労力がかかる。また、患者に対して何回も良い印象を与えていても、たった1回でも悪い印象を与えると「元の木阿弥」である。印象は自然には伝わらない、作り上げなければ伝わらない。その意味で、自病院・クリニックの医療サービス内容を患者に伝えるためには、診療技術の向上だけにとどまらず、まさに患者との接点をマネジメントし、「イメージをマネージ」することが必要なのである。

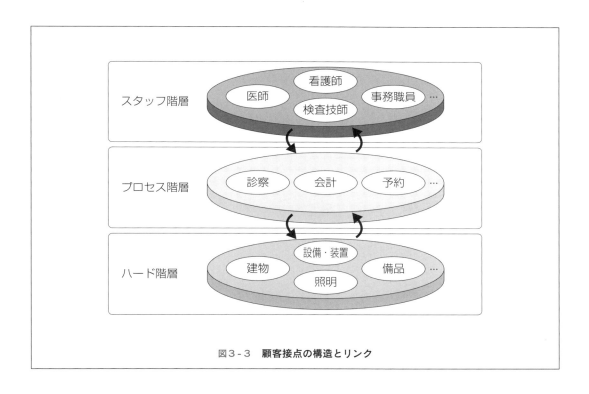

図3-3　**顧客接点の構造とリンク**

③ 口コミ・マーケティング

1 口コミ・マーケティングとは

　自分たちのサービスを認知してもらう代表的な方法はマスメディアを利用した宣伝広告を展開することであるが、最近は口コミを人為的・戦略的に活用して認知を広げたり、顧客を誘導していく「口コミ・マーケティング」(専門用語ではバイラル・マーケティングと言う)も注目されている。特にネットの世界では、ブログやSNSなどオンライン・コミュニティ上でインフルエンサーが発信する情報が大きな影響力をもち、その影響力の大きさから口コミ・マーケティングの事例が数多くみられるが、口コミは何もインターネット上だけの話ではなく、たとえば古くは大正時代に、学生の会話から銀行の取り付け騒ぎが発生したように、またオピニオン・リーダーという言葉があるように、昔からリアルな世界で展開されていたものである。

　口コミ・マーケティングが威力を発揮するのは、商品・サービスが以下の特性をもっている場合である。

・商品やサービスの中身が体験しないとわからないものであること
・商品やサービスを理解するために相当の専門知識が必要であり、評価が容易ではないこと
・インフルエンサーの存在余地が大きいこと

　その意味では、医療サービスは口コミ・マーケティングのプラスの有効性・マイナスの有効性が発揮される可能性が高い。たとえば初診患者ルート分析においての「なぜ当院を知ったのですか」という質問に対して、「人の紹介」という答えが多い病院・クリニックもあるだろう。だれからの紹介かをたどっていくと口コミルートマップが作成され、口コミのハブとなっている人(＝コア・パーソン)が特定される可能性もある。すると何人かのコア・パーソンを対象にグループインタビューを行ったり、外部のアドバイザリーメンバーとして関わってもらうことにより、今何が当院の課題なのかを把握したり、コア・パーソンを媒介にして多くの患者に対して伝えたい情報を、信頼性を確保しながら確実に伝えることができる。

2　口コミ・マーケティングの逆機能

　ただし、悪い情報も当然広がるので、コア・パーソンの信頼を損なうことによる逆作用もあること、また、コア・パーソンをあまりに意図的に活用していることが広がると、インフルエンサーとしてのコア・パーソンの中立性や信頼性が損なわれ、口コミのハブとしての機能を失ってしまう危険性もあることには注意を要する。

　なお、サイレント・クレーマーと言われる、受けたサービスが悪かった場合に何の文句も言わず黙って来なくなってしまう人もいるが、彼らは自病院・クリニックに対してサイレントなのであって、その人のまわりにいる人には必ずしもサイレントではない。

　いずれにしても、口コミ・マーケティングという手法は、あくまで1つの仕掛けであり、それが有効に機能するためにも、人口に膾炙する医療サービスが提供されることが基本であることに変わりはない。

　図3-4に、口コミ・マーケティングの例を掲載する。

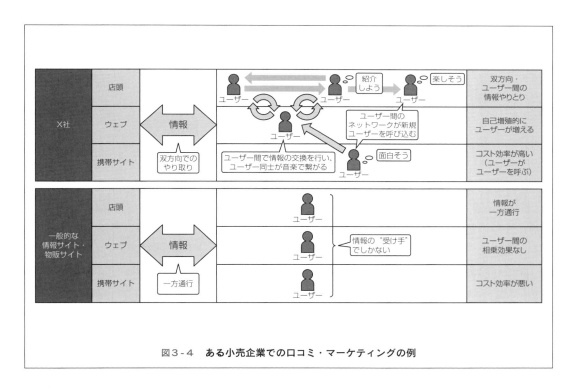

図3-4　**ある小売企業での口コミ・マーケティングの例**

　人間は自分が感動したことは「他人にも伝えたいと」いう行動欲求をもっている。ユーザーが自分の感動を伝えられる場や仕掛けを設定することによって、自己増殖的に情報が広がり、ユーザーがユーザーを呼び込むループが発生する。

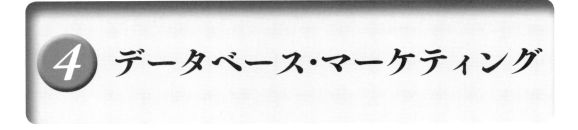

4 データベース・マーケティング

1　データベース・マーケティングとは

　データベース・マーケティングとは、顧客の過去の購買履歴データなどを蓄積・分析し、それぞれの顧客に適合する商品やサービスを提供するマーケティング手法である。多くの企業がクレジットカードを発行しカードでの購入を促すのは、カードでの購入により「だれが」「何を」「いつ」「いくら」で購入したかの購買データを蓄積し、マーケティングに活用できるからである。なお、カード登録時に名前だけではなく、属性データも記入しているので、「だれが」という情報は非常に詳細にとらえることが可能である。

　蓄積したデータを分析することをデータマイニングと言う。より詳しく言うと、データマイニングとは、種々のデータを一元化し、統計解析手法を用いて大量のデータを分析し、隠れた関係性や意味をみつけ出す知識発見の手法の総称、またはそのプロセスのことを指す。データという宝の山を「鉱山」に見立て、その中から、「マイニング＝採掘」して、そこから新しい意味合いや規則性という"鉱石"を「発掘する」という意味が込められている。

2　病院・クリニックにおけるデータベース・マーケティングの有効性

　病院マーケティングにおいて、たとえば初診の際に問診票に書かれる「紹介者欄」や「当病院・クリニックを知った認知ルート」をデータマイニングすると有意義な情報が得られる可能性が高い。多くの病院、クリニックは問診票を通り一遍でパッと目にするだけにとどまっており、記入された情報を集計・分析して時系列で把握したり、その結果を元に手を打つことを行わず、医師の目を通った後は、倉庫などに高く積まれていることが多い。

　エリア・マーケティングの視点では、たとえばカルテに書かれた住所もしくは被保険者証に書かれている勤務先住所を分析することで、どのあたりまでが自病院・クリニックの商圏なのか、エリアシェアはどの程度なのか、想定商圏から外れたところに患者の住所があるのならなぜ当該エリアから当院に通院しているのかその要因を分析することにより、自病院・クリニックの新たな強みを把握することができる可能性もある。

　製薬企業・調剤薬局などは、病院・クリニック・医師から発行される処方箋をデータとして認識しマイニング（分析）することで、市場での薬の利用状態を把握しようとする動き

を行っている。また、このようなデータマイニングした情報を販売している業者も存在している。

　消費者が商品やサービスを現金で購入する際には、提供者側は「だれが購入したのか」はわからない。データベース・マーケティングの最初の関門はそこにある。しかし医療サービスは現金で購入しても、必ず名前や属性がわかり、かつサービス内容などもすべてデータで残されるので、他のサービスと比較してデータベース・マーケティングに非常にフィットしている。医療サービスにおいて、すでに存在している情報が、金を生む宝になっていることに気付くか気付かないかは、サービスレベルの大きな違いになって現れるだろう。

5 エリア・マーケティングと商圏分析

1 エリア・マーケティングとは

　病院・クリニックは小売店舗の運営と似ており、商圏が限られている場合が多い。高名な評判・実績などを聞きつけ、電車で通院したり泊まり込みで通院する患者が存在する一部の医療機関を除き、多くの病院・クリニックの患者は「近くにいる人」であり、多くの場合「商圏」を定義することができる。病院・クリニック展開では全国津々浦々まで知名度が高いことが重要なのではなく、あるエリア・商圏内での知名度・評判・患者からみた場合の競合優位性が大事になる。

　商圏が定義できる場合、当然のことであるがその商圏がどのような構造になっているのかの商圏分析が重要になり、小売業が出店をする際には必ずと言っていいほど商圏分析を行うのが一般的である（図3-5）。

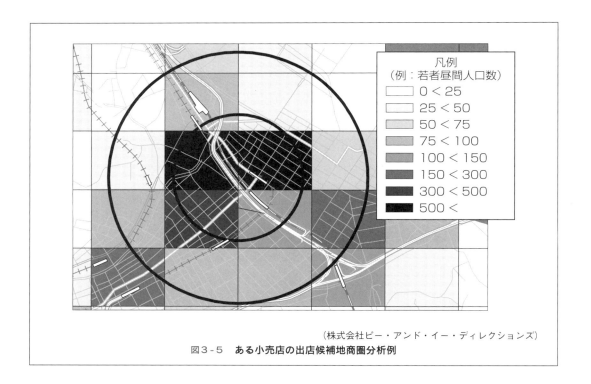

（株式会社ピー・アンド・イー・ディレクションズ）

図3-5　ある小売店の出店候補地商圏分析例

2　商圏分析

　徒歩・車で何分などを基準に当該拠点から半径数キロと商圏を想定し、たとえば次のような問題意識のもとで商圏分析を行っていく。

- ・その想定商圏内の人口構成、世帯構成、所得構成がどのようになっているのか
- ・潜在的な患者数もしくは医療費換算での市場規模はどの程度か
- ・そもそもエリア内でどの程度認知されており、シェアはどの程度か
- ・商圏内に同業の他病院・クリニックがどの程度あるのか
- ・自病院・クリニックの患者がどこから来ているのか
- ・他の病院・クリニックの患者はどこから来ているのか
- ・本来、来院するべき患者のうち、同業の他病院・クリニックにどの程度流れているのか

　実際に商圏分析を行うのは難しそうに思われるが、GIS（地理情報システム）などのツールを活用したり、プロの調査会社などを活用することで詳細な商圏分析を行うことが可能である。病院クリニックの開業および開業後に行う新規投資額は少なくない。商圏分析によるマーケティングプランの作成は非常に重要である。

---

column ②　アンテナの高さとアナロジー思考

　同一の商圏にある病院、同一の商圏にある同じ診療科のクリニックは、患者・生活者の奪い合いという意味で競争になりうる可能性がある。

　ただし、競争相手と差別化して顧客を住み分けるという手法がある。競争相手と直接ぶつかり合うのではなく、病院やクリニックの特徴を明確に打ち出していくことである。幅広くアイディアを出すためにヒントになるのは、商圏がバッティングしない他エリアにある病院・クリニックでの事例である。またホスピタリティという観点からは、病院・クリニックでの事例にとどまらず異業種であるホテル・小売業・サービス業などで起きているケースも参考になるはずである。

　逆に言うと、自分の病院・クリニックのみ、あるいはエリア内の競合病院・クリニックにのみ目を向けていてはいけない、ということである。

　世の中に対するアンテナを高く張り、視野を広げることが大事である。

　また、そのものずばりの事例やアイディアでなくても、こんな事例がこの業界で起きているということは、病院・クリニックになぞらえると「こんなことになるのではないか」「こんなことが言えるのではないか」と類推して考えることが重要である。そのように類推することをアナロジー思考というが、このアナロジー思考とアンテナの高さを心がけ、特徴のある病院・クリニック作りをしてほしいものである。

⑥ マーケティングPDCA

　経営管理全般において「Plan-Do-Check-Action」という言葉がある。これは、Plan＝市場を分析することによって戦略を立案する、Do＝立案した戦略を実践してみる、Check＝実践した結果を評価する、Action＝評価の結果、戦略や体制の見直しを行う、という一連のサイクルを指し示すものである。マーケティングPDCAという言葉があるように、このPDCAは経営管理だけではなく、マーケティング活動においても実施される枠組みである。医療サービスにおけるマーケティングPDCAは、たとえば次のようにとらえることができる。

1　Plan

　自病院・クリニックの状況や同業の動向などを考慮してマーケティング課題を把握し、仮説的にマーケティング戦略と打ち手を検討・立案する。たとえば、患者が「待ち時間が長い」という不満をもっていると思われる場合は、待ち時間の表示をして患者に事前情報を提供したり、どの作業にどの程度の時間がかかっており、結果的にある活動に対してどの程度のコスト負担が発生しているのかといったABC（Activity Based Costing：活動原価計算）分析を行い、待ち時間の改善策に関する仮説を検討する。

2　Do

　検討したマーケティング上の仮説・手法を試行し、実証実験を行う。検討したマーケティング手法をある程度の期間実施する。

3　Check

　実施したマーケティング活動が適切で効果的な活動であったかどうかを検証する。それ以前の患者数と比較して明らかに患者数が増えているのかどうか、などの効果測定を行う。マーケティング課題が患者満足に関することであれば、受診した患者に対してアンケート調査やフォーカスグループインタビューを実施し、施策の実施前と実施後の状況を定量的

もしくは定性的に分析し、効果を評価する。

4　Action

　検証結果を分析することによって、既存のマーケティング手法を継続するのか、それとも新たな手法を導入するのか、マーケティング活動へのリソース配分を変更するのかなどを決める。有効性が高い手法、低い手法を選別し、有効と思われる手法に集中的に資源を投入する、もしくはマーケティング上の新たな仮説的施策を検討するなど、これまでのマーケティング活動の見直し、再構築を行う。

　現実の世界では、効果検証に費用をかけることに消極的であるなどの理由で、Plan-Do-Check-Actionのサイクルが完結しないこともあるが、できる限りPDCAサイクルをまわすことが望ましい。

column ③　病院経営のPDCA事例──横須賀市立うわまち病院

　横須賀市立うわまち病院は国立横須賀病院が国から市へ移譲されたことに設立の起源をもつ、地域医療支援病院認定を受けた医療機関である。同院は、地域医療の発展による地域社会の貢献を目指し、「病院は病院らしく」という運営方針・ビジョンをもって、専門医療と救急を中心機能とした経営スタイルを志向している。そのビジョンのもと、彼らが標榜しているPDCAのP（計画）は、「初診・救急患者の受け入れ率100％。患者の紹介率100％の達成」という数値目標である。

　その計画達成に向けた各種の施策のDo（実行）を検討し推進していった。実行当初は救急車の受け入れ体制が不完全であったり、病院システムのデジタル化移行の遅延によって、効率性の確保が難航していた。定期的に行うC（チェック）段階では、目標達成は困難を極めていた。

　そのチェックを踏まえ、各種アクション（A）を考えた。たとえば、救急車の受け入れ体制については救急専門医の資格と経験をもつ医師を招いたり、現有スタッフに資格取得を奨励した。また、同院が満床の場合でも、早急に診断できるよう地域の医療機関と連携し、転送先の病院を確保するなどの受け入れ環境の整備についての施策の見直しを実行していった。効率化のためのデジタル化移行についてはオーダリングシステムを導入した。

　これらのアクションによって、患者の受け入れから退院するまで煩雑だったプロセスは簡略化され、専門や部署の垣根を越え、院内・院外の連携を抜け漏れなく行うことができるようになりつつある。

　PDCAサイクルをまわし続けた結果、患者受け入れ率については100％を達成した。患者の紹介率は約90％、逆紹介率は92％に上昇している。2015（平成27）年には、総務省より自治体立優良病院総務大臣表彰に表彰された。目標にはまだ道半ばであるが、現在もPDCAサイクルを医療サービス提供のために活用している。

マーケティング感覚の磨き方

マーケティングを組織に根付かせるためには、これまで述べてきたマーケティングの知識・ツール・武器を使いこなせる人材が必要である。生まれながらにしてマーケティングのプロはいない。マーケティングの武器・ツールを理解し、それを使いこなし、トライアンドエラーの中で感覚を研ぎ澄ませていく、そのようなマーケティング的考え方を身につけるための教育研修を病院・クリニック内で継続的に行う必要がある。マーケティング感をもつ人材、つまりマーケティングの「論理」と「勘所」のバランスがとれる人材を育成するプログラムの一例として以下のことが考えられる。

1　マーケティングの基本的な知識を身につける

英語を話すためには英単語を知らなければならないのと同じで、マーケティングを実践するためには、マーケティングの基礎知識・ツール・武器を知らなければならない。マーケティングの本を読むことや、マーケティングの講座を提供しているプログラムに参加することなどで知識を身につけることができる。

2　引き出しを多くもつ

他の病院の成功事例ももちろんであるが、病院業界に近いサービス業の動向や成功事例に敏感になることによってマーケティングマインドが育成される。飲食チェーンの幸楽苑は、あらゆる動作に標準時間を設けて徹底的に無駄を排除し、お客様を待たせないことで満足度を高めている（これにより、顧客の回転率も高まり業績も良くなる）。これは製造業における品質管理の考え方を応用したものである。その他、地元の新聞と日経新聞の2紙を毎日読む、医療関係の雑誌と経済誌の2分野の雑誌を毎月読む、なども引き出しを多くもつことの一例である。

3　ケーススタディをもとにスタッフ内で議論し疑似体験を深める

たとえば弁護士が過去の判例を分析したり、棋士が過去の棋譜を分析して新しい攻め手

を生み出すように、マーケティングにおいても、いわゆる事例研究（ケーススタディ）を行い疑似体験を深めることが重要である。そうすることで身につけた武器を活用し勘所を押さえることができるようになる。

4　自病院・クリニックの課題を議論し、具体的な解決策を導出し、実施していく

身につけた知識や勘所を用いて、自病院・クリニックのマーケティング戦略の策定と実行を推進する。戦略と実行の仮説検証を進め、個人レベルにとどまらず組織レベルでマーケティング感覚を磨きあげる。

なお、サービス業において満足度の高いホテル業界などと人材交流を継続的に実施することも感覚を磨く有効な打ち手であろう。また、人事評価制度の改定やマーケティング部の設置など制度や組織の面と連動させることも重要である。

---

column ④　職員発想 対 プロフェッショナル発想

患者に自分の病院・クリニックのファンになってもらうためにはどうしたらいいのか？

プロ野球の球団運営と病院・クリニック運営は多くの類似点があると考えられる。18ページでみた病院業界の構造と、プロ野球業界の構造は驚くほど似ている。プロ野球業界の場合、構造の中心をなすのは選手。選手層の1つ外側の層は選手を支えるトレーナー、監督・コーチ、スタッフなどがあり、それらで狭義のプロ野球が構成される。そして広義のプロ野球業界は、新聞・雑誌・テレビ局などのメディアや、キャラクターグッズなどの販売会社、球場運営者などが業界関連者として含まれる。構造的にはかなり同じである。

プロ野球業界では、ライブドアによる近鉄の買収問題が起こった頃から、楽天の球団参画など顧客満足度向上のための取り組みが相次いでいる。「野球」という狭義のドメインから「エンターテイメント・楽しむ場所」と位置づけを変え、様々な施策を行っている。

その根本にあるのが関係者の意識改革である。球団代表からジェネラルマネージャーへと呼称を変えることなど、職員発想からプロフェッショナルとしての意識改革が裏で着実に進んでいる。万年赤字垂れ流しの球団経営から、独立採算を目指すエンターテイメント集団としての意識改革が起きている。医療経営士が病院職員から病院経営プロフェッショナルへと意識を変える契機になれば幸いである。

8 組織の力を重視する

1 組織の力

　すでに述べたように、病院・クリニックの運営には医師・看護師・メディカルスタッフ・技師・事務職員など様々な人が関わっている。決して医師だけが医療サービスを担っているわけではなく、組織に属しているすべての職員・職種の人が患者に提供するサービスを構成している。なぜ病院・クリニックは1人ではなく組織を構成してサービスを提供するのか。それは1人ではできることが限られているが、組織を構成することでその限界が飛躍的に拡大するからであり、個々人の集合体を超えた組織自体が優れた能力をもつからである。

　たとえば組織の価値観、組織文化というものは、組織自体がもつものである。また効率性を高める組織の制度や仕組みも組織に属している個人がもっているものではなく、組織自体がもつものである。このように考えると、病院・クリニックの力は個人の力の総合と組織自体がもつ力（＝組織の力）の掛け算で表すことができる（図3-6）。時間の経過とともに人は入れ替わる。時代を超えて生き残る組織とは、組織の力を高めることに成功した組織なのである。

2 コミュニケーション

　組織の力を構成する主なものは、組織内でのコミュニケーション力、意思決定力などで

病院・クリニックがもっている力		Σ（個人の力）		組織の力
		・俯瞰する力 ・構造化する力 ・分けて考える力 ・想像力 ・表現力　など		・コミュニケーション力 ・会議力 ・文書力 ・提案力 ・意思決定力　など

図3-6　組織力の重要性

ある。特に組織内でのコミュニケーションが適切に行われるかどうかは組織力の肝となる。組織の不祥事が報道されるときによく聞かれる言葉は「現場でそのようなことが起こっているとは知らなかった」というトップのコメントである。すべての不祥事でこのコメントが正しいかどうかは不明であるが、中には「本当にトップが知らなかった」というケースもあるだろう。これは組織内のコミュニケーション力が弱いこと、人を介在することによって相当の情報が漏れて伝わっていない（＝コミュニケーションロス）ことが原因である。組織のトップ（理事長・院長・事務長）が考えていること・言っていることを中間管理職が受け止め、組織の末端にいる若手に指示を出す中で、どれだけ正確に物事が伝わっているか。逆に、現場のメンバーが市場で起こっている現象を伝えるときに、組織のトップまですべて伝わっているかというと、必ずしもそうではないだろう（図3-7）。

　このようなコミュニケーションロスを発生させないための方法は、①何をどのように伝えるのかを定型化すること、②発信する側と受け取る側との間で解釈の違いが起きないような組織共通語を作ること、③曖昧さを排除し具体的に伝えること、である。

　たとえば患者にサービスを提供する現場で起こっている問題点がタイムリーに過不足なく組織内で共有されなければ、何も変わらず、実行力不全に陥る。医療サービスに従事している個人個人が患者起点の意識をもったとしても、それが組織全体の力に変わらなければその効果は半減してしまう。コミュニケーション力の高い組織は、組織の価値観の共有も進み、結束力も高い。実行力不全に陥らないためにも、コミュニケーション力に代表される組織の力を高めることが重要となる。

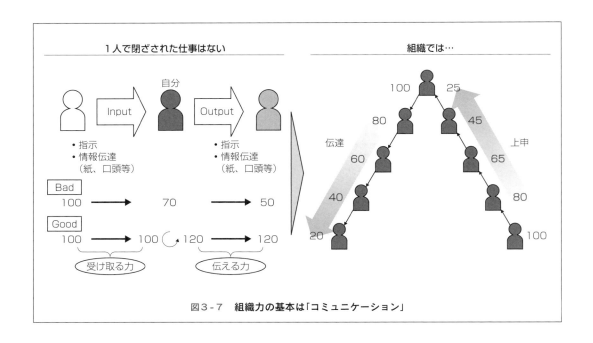

図3-7　組織力の基本は「コミュニケーション」

⑨ 計画の実行管理：概論

1 実行管理とは

　戦略や施策を考えること以上に重要なのは、その実行である。仮に優れた戦略もしくはマーケティング施策を構築したとしても、それを実行・実践し、組織の中で定着させることができなければ、価値は生まれない。したがって計画の実行管理をいかに行うのかは、非常に重要な課題である。

　実行管理を運用するにあたって、ポイントは3つある（図3-8）。まず、「組織のトップから末端までの認識が正しく共有されていること」である。ボードメンバーから担当者および現場まで、実行するにあたって重要となる指標（key performance indicator：KPI）は何か、具体的にどのような施策を実行していくのかをきちんと過不足なく理解・共有するだけではなく、KPIが設定された背景要因、施策の趣旨目的、施策実行の期限、自身の管理指標との関連性までも組織全員が理解しなければならない。

　第二に、「計画・施策が現場担当者の業務フローに落とし込まれていること」である。各

①トップから末端までの認識の共有されていること	■ボードメンバーから、担当者・現場までKPI・施策の認識が共有されること — 設定されているKPI選定の背景、仮説、自身の管理指標との関連性 — 各施策の狙い、期限
②業務フローまで落ちていること	■担当者・現場レベルの業務フローに落ちていること — 各施策が、担当者・現場レベルで「すべきこと」に落ちていること — KPIが現場で管理されている数値に紐付けされていること
③定形化・習慣化のハードルが低いこと	■管理体制が定型化できるよう、ルール化され、かつ運用方法がシンプルであること

図3-8　**実行管理の運用におけるポイント**

施策が担当者および現場の人の業務フローの中に「行うべきこと」として、つまり具体的なアクションとして明確に書かれていなければ担当者の行動にはつながらない。

第三に、「定型化・習慣化のハードルが低いこと」が挙げられる。管理体制が定型化できるようにルール化され運用方法がシンプルでなければ、継続して実行管理を行うことは難しくなる。たとえば実行管理のために管理帳票を作成したとしても、その管理帳票が複雑で作成プロセスも非常にめんどうなものになると習慣化されず続かなくなる。

2　実行管理の方針

前述の３つのポイントを踏まえたうえで、実行管理方針を定める必要がある。この方針は下記の６つの項目から構成される。

①どの程度の頻度で進捗管理を行うのか

②どの会議体で進捗管理を行うのか

③だれが、だれに報告するのか

④どのような内容を、どの程度詳細に報告するのか

⑤実行管理状況を示す表を、だれが最新版にアップデートするのか

⑥実行管理を取りまとめる事務局は、だれもしくはどの組織が担当するのか

①について、一般に進捗管理は、特に当該会計年度に関わることは週次で、来年度の施策については月次で管理するのが一般的である。アクションの期限（マイルストーン）を設定している場合には、そのマイルストーンでの管理を行う。

②について、病院内の課題を解決するために、一般的にはたとえば「医療評価委員会」「サービス向上委員会」「事務部接遇委員会」など組織横断的な各種委員会が設立されているが、その委員会レベルの会議体で管理することと、委員会の枠を超えた会議体レベルで管理することをそれぞれ明確に区別する必要がある。「だれが出席する、どの会議体で、何を管理するのか/決めるのか」を明確にしなければ実行管理はできない。

③については、施策の責任者が経営トップ（経営責任者）に対して直接報告する体制をとる必要がある。現場の担当者に報告を任せてしまうと、施策に対する責任感が欠如することが考えられるからである。

④について、実行管理の報告レベルについては、それぞれの病院組織の管理スタイルに依存する部分がある。たとえば次ページの工程表をベースに報告の「型」を事前に決めておくと効率的である。

⑤および⑥について、一般的にはいわゆる経営企画担当部署が実行管理のとりまとめ役を引き受けるのが通常である。施策が全組織にまたがる場合が少なくないため、実行管理については組織の壁を超えた横断的な調整が必要となるからである。

⑩ 計画の実行管理：実践

1 工程表とは

　正しい戦略および詳細な計画を実行に移すための鍵となるツールは、「工程表」を作成することである。工程表とは、計画を実行する際の「海図」「道標」となるものである。工程表に含まれる項目には下記のようなものが挙げられる。

- ・組織がとるべき大きな方向性（大施策）、それぞれの大施策をブレークダウンした中施策および中施策をさらに細分化した具体的なアクション
- ・組織として管理しなければならないKPI
- ・KPIに対する定量的な目標
- ・月次での計画値、実績、差異
- ・具体的に行うアクション
- ・実行責任者
- ・アクションの期限
- ・週次での進捗状況

　計画が作成されてもそれが実行できなくなるのは、①ある業務がいつまでに終わるために、それに先立ってどの業務がいつまでに終わっていなければならないのかが相互に関連付けられないままに設計されているか、②計画を実行する際の業務が相互に関連付けられていたとしても、業務遂行者が理解できていないか、のどちらかである。

　たとえば「調達品単価の再検討・設定」という具体的なアクションが行われるためには、それに先立ち「これまでの調達実績・状況の確認」というアクションが必要である。また、粗利率を改善するために行うのか、納入業者の変更のためなのかなど、「調達品単価の検討・設定」はそもそも何のために行うのか、主旨目的＝大施策と紐付いていなければアクションの意味を取り違えてしまう危険性もある。工程表があることによって、業務間の複雑な関係性が目にみえるものになり、担当者の業務の理解が進み、業務を遂行しやすくなるのである。

　表3‐1に工程表のイメージを掲載する。

表3-1　工程表のイメージ

施策大項目	施策	施策詳細	KPI	数値目標	区分	10月 月次	11月 月次	12月 月次	1月 月次	2月 月次	10月~11月累計の進捗
10 ①チェーン&百貨店横断プロジェクト	百貨店	百貨店における新規商材での春夏モノ新規商談の展開	K101	売上高進捗率 純売)150M円	下期最終計画	0	0			150	0
					ベース	—	—			—	—
					実績	0	0				0
					対計画差額	—	—	—	—	▲150	0
					対ベース差額	—	—	—	—	—	—
			K101	粗利額進捗率 粗利)86M円	下期最終計画	0	0			86	0
					ベース	—	—			—	—
					実績	0	0				0
					対計画差額	0	0			▲86	0
					対ベース差額	—	—	—	—	—	—

【アクション】

No.	施策	実行責任者	担当役員	期限	進捗
10101	◆開拓先別攻略シナリオの検討	××		11/25	●（23~29）
10102	◆ターゲット企業への1stアプローチ	××		11/25	●（23~29）
10103	◆商談プロセス/進捗管理	××		12/15	○○○（11/30~12/6, 7~13, 14~20）

工程：追加企画のブランド・アイテム・金額の企画との打ち合わせ、店舗別・ブランド別投入計画作／追加企画のブランド別・アイテム別生産数量の決定、対象店舗の引き取り交渉実施。／引き続き得意先投入交渉、入荷数量の確認と店舗別投入の指図の入荷前準備の実／対象店舗出荷指図及び注伝、POS伝の処理、得意先への投入。

結果：追加企画ブランド・アイテム・対象店舗及び交渉スケジュール作成終了。

施策大項目	施策	施策詳細	KPI	数値目標	区分	10月 月次	11月 月次	12月 月次	1月 月次	2月 月次	10月~11月累計の進捗
	ホールセール	大型専門店における新規商材での春夏モノ新規商談の展開	K102	売上高進捗率 純売)70M円	下期最終計画	0	0			70	0
					ベース	—	—			—	—
					実績	0	0				0
					対計画差額	0	0			▲70	0
					対ベース差額	—	—			—	—
			K102	粗利額進捗率 粗利)14M円	下期最終計画	0	0			14	0
					ベース	—	—			—	—
					実績	0	0				0
					対計画差額	0	0			▲14	0
					対ベース差額	—	—			—	—

【アクション】

No.	施策	実行責任者	担当役員	期限	進捗
10201	◆ターゲット企業のリストアップ	××		11/25	●（23~29）
10202	◆ファーストアプローチ	××		11/25	○○○○
10203	◆補充得意先（2次リスト）の策定	××		12/15	○○
10204	◆商談プロセス/進捗管理	××		12/25	○○
10205	◆契約・商品決定/発注	××		12/15	○
10206	・商品決定/発注	××		12/25	○
10207	◆生産に関する進捗管理	××		2/10	○○○○

結果⇒別紙参照
工程⇒別紙参照

2　工程表とPDCA

　また工程表の存在は、いわゆるPDCAのサイクルを、より意味あるものにする。どの組織もPDCAサイクルを意識して管理しているものの、計画通りにいかない場合、立てた計画に戻すための対策を立てるという対症療法的な対応にすぎないケースが多い。しかし工程表を作成していると、どこで工程表の狂いが発生したのか、その原因は何でどこを調整すれば工程表に狂いが発生しなくなるのか、という仮説検証的なPDCAサイクルをまわすことができる。また週次で工程を管理することにより、実行管理をリアルタイムで実施することが可能になる。

　計画を作ること以上に計画を実行することは重要である。計画の実行管理のためには、体制整備やツールの導入を積極的に行っていく必要がある。

⑪ 患者起点の価値観の組織浸透

1　価値観の組織浸透

　患者中心の医療サービスが重要であることに大きな疑義を投げかける人は少ないであろう。しかし多くの病院・クリニックにおいて、その価値観が完全に浸透しているかというと必ずしもそうではない。それは先述したように「病院・クリニックで嫌な思いをした体験：生の声」のリスト（11ページ、表1‐2）を見ても一目瞭然である。患者を中心に考える価値観が組織全体に浸透しなければ、そもそも患者を起点にした病院・クリニックのあるべき姿を実現すること、その実行は困難である。

　ただ、価値観を浸透させることは容易ではない。それは、個人が価値観を正しく理解し、共感したうえで、個人が日常の医療行為において行動として表さなければならない、さらにそのような個人が集まって組織全体の運動にまで高めなければならないからである。

　まず個人の認知のレベルで考えると、価値観が組織メンバーによって正しく理解され、さらに共感されなければならない。いくら「患者ときちんとコミュニケーションをとることが重要」と言ったところで、医療スタッフがそれを理解し共感していなければ、表1‐2（11ページ）のアンケート調査結果にあるような「内容について質問しても嫌な顔をして短い答えしかない」という患者の体験になってしまう。また個人のルーチンに落とし込まれて初めて日常の医療行為の中での自然な行動として価値観を実現できるのだが、それは一朝一夕では不可能である。ましてや「8 組織の力を重視する」（71ページ）でも述べたようにコミュニケーションのロスが発生する組織レベルにおいては、組織全体で価値観を体現していくことは相当の仕掛けや仕組みが必要になる。

　どのようにすれば患者起点の価値観が組織全体に浸透するのだろか。組織全体で価値観の共有に成功しているメイヨー・クリニックの事例をみてみよう。

2　メイヨー・クリニックの事例

　メイヨー・クリニックの価値観は「患者のニーズを最優先する（The needs of the patient come first.）」である。その価値観の形成は1880年代にまでさかのぼる。1883（明治16）年、ミネソタ州ロチェスターを襲った竜巻により発生した重症患者の治療に際し、

メイヨー親子がフランシスコ会のシスターに協力を要請した。その後、マザー・アルフレッドがロチェスターに病院建設を提案、1888（明治21）年にセントメリー病院が開設される。フランシスコ会のシスターとメイヨー親子が協力して医療サービスを提供していくうちに、両者が「弱く貧しき人々に心を配る」という気持ちを共通にもっていることを認識する。1910（明治43）年、ラッシュ大学においてメイヨーは「患者にとって最善の利益だけが考えられるべきである」と講演し、「患者のニーズを最優先する」という価値観が形成されたのである。

　そして、1世紀にわたってその価値観はいまだに受け継がれているが、それは従業員が毎日職場で実践・経験するような様々な仕掛けや仕組みが組織に組み込まれているからである。たとえば以下のようなことが挙げられる。

- ・「技能よりも価値観を優先する」「価値観の共有が最重要」という考え方に基づき、医師などのスタッフを採用している。技能よりも価値観を重視して人材採用を行っている
- ・価値観を書いた文書をスタッフに配布、常に携帯させるなど「憲法のように使用」している
- ・「患者のニーズを最優先すること」を中心に、予約システムに代表されるITを導入するなど、経営戦略を策定し業務を実施している
- ・アメリカでは一般的である出来高制の報酬ではなく固定報酬の仕組みを導入するなど、価値観を具現化するための組織のルール、仕組みを構築している
- ・新しい医師は先輩医師とペアを組みメイヨー文化と診療スタイルを学ぶなど、世代を超えて価値観が共有される研修・人材育成制度を導入している
- ・メイヨー・クリニックの従業員が最も手厳しい患者になることを奨励している

　これまでとは違う考えを実行し組織に定着させるためには、様々な仕掛け・仕組みを導入することが必要である。患者起点のマーケティングを展開するにあたっては、価値観を組織に浸透させ定着させることが非常に重要である。

⑫ マーケティングの浸透に向けて

1 病院における「マーケティング部」の少なさ

　ここまでマーケティングの理論および実行に関して様々な視点から記述してきた。一般業界・企業で考えると、「マーケティング」という言葉は「マーケティング部」「グローバル・マーケティング部」などの組織名として定着しているケースが多い。また、一般業界・企業においては「生活者・顧客の動向を定点的に観測して、生活者・顧客の変化の潮流を見出し、提供サービスを新規に生み出したり、変化させたりする人」のことを「マーケッター」と呼ぶ。病院業界、大手病院にマーケッターと呼べる人はどれくらいいるだろうか？

　東京女子大学病院では「社会支援部」という患者へのサービスを意図した組織を設けている。また、北里大学病院の「トータルサポートセンター」でも同様のサービスを実施している。最近では、医療マーケティング研究の実施や支援を行うシンポジウムが発足するなど、医療においてマーケティングは浸透されつつある。しかし、日本能率協会総合研究所ヘルスケア研究部コンサルティンググループの調査によると、2015（平成27）年に実施した調査対象432病院のうち、約87％がマーケティング強化は経営において重要な課題であると認識しているものの、実際に実施しているのは約43％であった。つまり、マーケティングは重要な概念ではあるが、実行はまだ道半ばのテーマであるということも事実なのである。

2 外部のコンサルタント活用による取り組み

　緊急度も重要度も高いものは最優先で取り組まれ、緊急度も重要度も低いものはそもそも取り組みがなされない。重要度は高いが緊急度が低いと認識されている課題は「いつかは取り組まなければならないとは思うが、どうしても後まわしになってしまう」ものであり、病院業界・病院の人がもつマーケティングに関する本音も同様であろう（図3-9）。

　では、どうやってマーケティング浸透に取り組むのか。1つは組織内で部門横断的なプロジェクトチームを構築、検討を定例化し、進捗状況の管理を行うやり方がある。ただし、組織内の人は自分の本来業務があるので、うまくプロジェクトチームの運営を行わないと、途中でプロジェクトが瓦解する可能性は否定できない。

　もう1つの方法は、外部のコンサルタントと契約することである。院長など組織のトップのもとで外部コンサルタントがペースメーカーとなったり、マーケティング浸透をコンサルタント自身が推し進めていく。自病院・クリニックのスタッフは緊急度も重要度も高い課題にリソースを集中できると同時に、重要度は高いが緊急度が低い課題も組織全体でみると推進することができる。

　今組織にないものを定着させるためには、PDCAのPから始まり、継続的なコミットメント意識を醸成するとともに、工夫と覚悟が必要であることは間違いない。

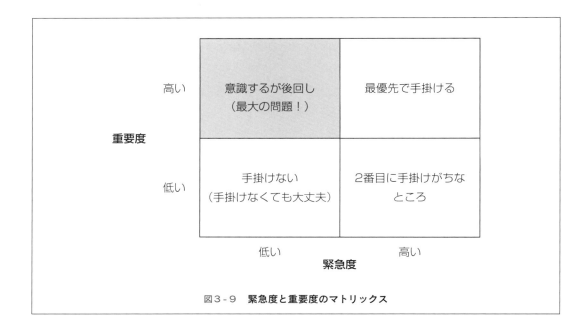

図3-9　緊急度と重要度のマトリックス

問題

患者目線でマーケティングを戦略・実行において、該当するものをすべて選べ。

〔選択肢〕

①患者は診療レベルを見極めることができないため、「スタッフ」「ハード」「ブランド」の3点でサービスの良し悪しと判断する。

②医療サービスは利用経験者からの紹介や口コミをみて利用することが比較的多いため、口コミのもととなるコア・パーソンに対して、自院のイメージが正しく伝わっているか確認する必要がある。

③商圏内の評判・知名度によって優位性が変わるため、自院の商圏エリアをどこまでか定め、近隣の競合・クリニックはどのような状況なのか把握しておく必要がある。

④医療現場で戦略を実行するにあたって、以下が必要である。

(1)組織内でトップから末端スタッフまで共通の課題認識があること

(2)計画・施策が現場担当者の業務フローに落とし込まれていること

(3)施策が定型化され徹底されるかを考えていること

解答　②、③、④

解説

①×：患者は診断・診療の技術を見極めることが困難のため、病院利用時の接点となる「スタッフ」「ハード」「プロセス（予約から診断までの流れ等）」で、サービスの良し悪しを判断することが多い。

②○：初診患者の多くは他人の紹介や評判で病院・クリニックを利用する場合が多い。情報を発信する人が誤ったイメージで病院を発信すると、誤った認識が市中に広まってしまうので、特にコア・パーソンの発言には気を配りたい。

③○：巨大病院や特殊な疾患・症状でブランドや実績のある病院を除き、一般的な病院・クリニックでは、自院の商圏という考え方が大事である。商圏内でマーケティングをする際には、患者からみてどこと比べられているのかを把握しておくことは重要。

④○：実行管理を運用するにあたって必要なことは、（1）組織のトップから末端まで認識が正しく共有されていること、（2）計画・施策が現場担当者の業務フローに落とし込まれていること、（3）施策が定型化されて徹底されていること、である。どんなに画期的な施策を行っても、継続して実行管理できなければ意味がないため、運用方法はシンプルでなければいけない。

おわりに —— 顧客満足、顧客目線でのホスピタリティに関して

　長い間にわたり事業を継続している企業の中には、「お客様第一」をスローガンとして掲げている企業が珍しくない。真の意味で「お客様第一」が企業のDNAとして根付いている会社は、長きにわたって顧客に支えられ、長寿企業・100年企業に育っていっている。

　老舗百貨店としてその存在感が大きい「三越」の前身は、江戸時代にルーツをもつ呉服屋の「越後屋」である。客の便宜を第一に考え、当時の慣習だった商売のやり方を見直し、事業が立ち上がった。今でこそ当たり前ではあるが、越後屋は商品に正札と呼ばれる定価をつけて店先(店頭)で販売する方法を導入した。江戸時代の呉服の売り方は、前もって得意先に注文を聞いてから品物を持参する「見世物商い」と、直接商品を得意先に持参して売る「屋敷売り」が一般的だった。当時は反物を売ることが一般的な呉服商の仕事であり、採寸や仕立ては別の所で行っていたため、客サイドは時間も金も余分にかかっていた。越後屋は客のニーズに応じ、その場ですぐに使用可能な着物に仕立て直すために職人を抱えてデザイン・縫製プロセスも自前でもち、反物を着物として売った。客を中心に考え、商売の内容、取り込むサービスの中身自体を変更したのである。

　欧米にも、顧客第一を中心として長期間にわたり成長している会社がある。ディズニー社がその代表的な例である。世界中のディズニーワールドの顧客満足は非常に高く、リピート率も高い。ディズニー社では、顧客満足度という観点において「すべての企業がライバルであると同時に、サービスレベルを比較すべき対象」と認識している。なぜなら、すべての企業は各々サービスの形は違えど、顧客対応を行っているという点においては同じであり、顧客によってはディズニー社も他業種と比較される対象であるからである。同社はすべての人(キャスト)、そしてすべてのモノが、客(ゲスト)の印象に影響することから、みえない細部に至るまでおもてなしを徹底するという精神がある。「医療の質は患者にはわからない」という観点から言えば、ディズニー社のホスピタリティ精神は、病院経営者にとってより良いサービスの構築への1つの切り口になるだろう。

　少し医療業界に近い分野でのホスピタリティに目を転じてみる。
　福岡県の北九州を拠点にした株式会社サンキュー・ドラッグストアというドラックストアを中心とした企業がある。創業は1950年代にさかのぼるが、近年は数々の賞を受賞し、売上高250億円近く、従業員は約1,500名の規模となり、今も成長を続けている。同社の何がホスピタリティであり、顧客中心なのか？　ホームページよると、「高齢者の生活行

動は、半径400メートルで完結している事が国の調査で判明しています。そのためサンキュードラッグでは、お客様が歩いてお店に到着できる事を第一に考え、1kmごとの出店を進めています」と、地域の生活圏にいる方の一番身近な「かかりつけ」を標榜している。出店だけでなく、サービスメニューも通常のドラッグストアチェーンよりも一歩深く、広く生活者をカバーしている。たとえば、市販薬や処方箋薬を販売するだけでなく、管理栄養士がマンツーマンで生活習慣病や転倒防止、ダイエットなどの目的に応じた運動や栄養指導のサポートを行う「スマイルクラブ」や、ウォーキング大会や体操などのイベントを行う「スマイル体操教室」などを通じ、未病や予防への取り組みを行っている。通常のドラッグストアのサービスを越えて顧客のニーズに寄り添い、取り込み、事業化している。

　先述した「顧客」、「ゲスト」、「お客様」の例を「患者」に読み替えて考えてみよう。本書で指摘したマーケティングの4Pで考えると、病院が打てる経営・マーケティング策は一般企業に比べ限られている。また、患者がサービスの本質である医療の質を十分に理解していない。

　一般企業との比較において、病院の経営者・サービスの従事者に言えることは、目の前にいる「顧客」、「患者」の声をよく聞くこと、時代のニーズに応じて提供サービスを変化させ、適合させていくことは共通に必要な取り組みだということである。

　患者本位のホスピタリティを磨いていくために、理論に加え、実践を行っていこう。

索　引

［アルファベット］

KPI ································· 73, 75

PDCA ······························ 66, 76

VOC ································56

［あ］

アウトソーシング ···················26

［い］

インフルエンサー ················ 18, 60

［え］

エコーシステム ····················56

エリア・マーケティング ········· 62, 64

［か］

カスタマー・ドリブン ···············13

［く］

口コミ・マーケティング ············60

［け］

顕在ニーズ ························36

［こ］

コア機能 ···························7

コア・パーソン ················ 60, 61

工程表 ····························75

［さ］

サイレント・クレーマー ········· 36, 61

サプライヤー・ロジック ·········· 13, 27

［し］

事業ドメイン ······················34

商圏 ···························· 62, 64

［せ］

セグメンテーション ············· 35, 40

潜在ニーズ ·························36

［た］

ターゲッティング ··············· 35, 44

［て］

データベース・マーケティング ·······62

データマイニング ···················62

［ふ］

付帯機能 ····························7

［ほ］

ポジショニング ··················· 35, 47

ポジショニング・マップ ············48

[ま]

マーケティング・・・・・・ 5, 34, 49, 56, 69, 79

マーケティングの4C ・・・・・・・・・・・・・・・・49

マーケティングの4P ・・・・・・・・・・ 5, 35, 49

マーケティングプロセス・・・・・・・・・・ 35, 46

マーケティングミックス・・・・・・・・・・・・・35

マイルストーン・・・・・・・・・・・・・・・・・・・・74

[め]

メイヨー・クリニック・・・・・・ ⅱ, 16, 29, 77

[り]

リ・ポジショニング・・・・・・・・・・・・・・・・48

著者紹介

島田直樹（しまだ・なおき）

株式会社ピー・アンド・イー・ディレクションズ代表取締役。
アップルコンピュータ株式会社でマーケティング戦略立案を行い、
株式会社ボストン・コンサルティング・グループに入社。ハイテク、
通信、消費財、ベンチャーキャピタルなどの企業を対象にしたグロー
バルなコンサルティングに参画。その後、外資系企業の日本法人取
締役を経て、2001年に株式会社ピー・アンド・イー・ディレクショ
ンズを設立。約20年間にわたり幅広い業種・業界の、大手企業か
ら中堅・中小企業に至るまで、成長戦略の策定と実行支援、海外進
出・新規事業立ち上げ・M&A支援など多数の実行支援プロジェク
トに参画し成果を創出。
一橋大学商学部卒業。マサチューセッツ工科大学スローン経営大学
院修了（MBA）。

執筆協力

藤原泰輔（ふじわら・たいすけ）

1968年生まれ。現在、株式会社ピー・アンド・イー・ディレクション
ズ社外取締役。一橋大学大学院商学研究科博士課程修了。専門は
経営戦略、マーケティング戦略、M＆Aなど。医療周辺業界も含
めたコンサルティングプロジェクトに従事すると同時に、これまで
病院経営に関する事例研究・ケース作成を多数執筆。医療機関の経
営管理担当者向け研修プログラムの講師なども務める。

医療経営士●中級【専門講座】テキスト9[第2版]

医療サービスの多様化と実践——患者は何を求めているのか

2020年7月27日　第2版第1刷発行

著　　者	島田　直樹	
発 行 人	林　　諄	
発 行 所	株式会社 日本医療企画	

　　　　　　　〒104-0032　東京都中央区八丁堀3-20-5　　S-GATE八丁堀
　　　　　　　TEL 03-3553-2861（代）　　http://www.jmp.co.jp
　　　　　　　「医療経営士」専用ページ　http://www.jmp.co.jp/mm/

印 刷 所　　図書印刷 株式会社

『医療経営士テキストシリーズ』全40巻

初　級・全8巻

（1）医療経営史——医療の起源から巨大病院の出現まで［第3版］
（2）日本の医療政策と地域医療システム——医療制度の基礎知識と最新動向［第4版］
（3）日本の医療関連法規——その歴史と基礎知識［第4版］
（4）病院の仕組み／各種団体、学会の成り立ち——内部構造と外部環境の基礎知識［第3版］
（5）診療科目の歴史と医療技術の進歩——医療の細分化による専門医の誕生、総合医・一般医の役割［第3版］
（6）日本の医療関連サービス——病院を取り巻く医療産業の状況［第3版］
（7）患者と医療サービス——患者視点の医療とは［第3版］
（8）医療倫理／臨床倫理——医療人としての基礎知識

中　級［一般講座］・全10巻

（1）医療経営概論——病院経営に必要な基本要素とは［第2版］
（2）経営理念・経営ビジョン／経営戦略——戦略を実行するための組織経営
（3）医療マーケティングと地域医療——患者を顧客としてとらえられるか
（4）医療ICTシステム——ヘルスデータの戦略的活用と地域包括ケアの推進［第2版］
（5）組織管理／組織改革——改革こそが経営だ！
（6）人的資源管理——ヒトは経営の根幹［第2版］
（7）事務管理／物品管理——コスト意識を持っているか？［第2版］
（8）病院会計——財務会計と管理会計
（9）病院ファイナンス——資金調達の手法と実務
（10）医療法務／医療の安全管理——訴訟になる前に知っておくべきこと［第2版］

中　級［専門講座］・全9巻

（1）診療報酬制度と医業収益——病院機能別に考察する戦略的経営［第5版］
（2）広報・広告／ブランディング——集患力をアップさせるために
（3）管理会計の体系的理解とその実践——原価計算の手法から原価情報の活用まで
（4）医療・介護の連携——これからの病院経営のスタイルは複合型［第4版］
（5）経営手法の進化と多様化——課題・問題解決力を身につけよう
（6）多職種連携とシステム科学——異界越境のすすめ
（7）業務改革——病院活性化のための効果的手法
（8）チーム医療と現場力——強い組織と人材をつくる病院風土改革
（9）医療サービスの多様化と実践——患者は何を求めているのか［第2版］

上　級・全13巻

（1）病院経営戦略論——経営手法の多様化と戦略実行にあたって
（2）バランスト・スコアカード——その理論と実践
（3）クリニカルパス／地域医療連携——医療資源の有効活用による医療の質向上と効率化
（4）医工連携——最新動向と将来展望
（5）医療ガバナンス——医療機関のガバナンス構築を目指して
（6）医療品質経営——患者中心医療の意義と方法論
（7）医療情報セキュリティマネジメントシステム（ISMS）
（8）医療事故とクライシスマネジメント——基本概念の理解から危機的状況の打開まで
（9）DPCによる戦略的病院経営——急性期病院経営に求められるDPC活用術
（10）経営形態——その種類と選択術
（11）医療コミュニケーション——医療従事者と患者の信頼関係構築
（12）保険外診療／附帯事業——自由診療と医療関連ビジネス
（13）介護経営——介護事業成功への道しるべ

※タイトル等は一部予告なく変更する可能性がございます。